설렘을 팝니다

설렘을 팝니다

초판 1쇄 발행 2019년 9월 20일
초판 3쇄 발행 2019년 10월 30일

지은이 신현암
펴낸이 유정연

편집장 장보금
책임편집 신성식 **기획편집** 백지선 조현주 김수진 김경애 **디자인** 안수진 김소진
마케팅 임충진 임우열 이다영 박중혁 **제작** 임정호 **경영지원** 박소영 **교정교열** 김유경

펴낸곳 흐름출판(주) **출판등록** 제313-2003-199호(2003년 5월 28일)
주소 서울시 마포구 월드컵북로5길 48-9(서교동)
전화 (02)325-4944 **팩스** (02)325-4945 **이메일** book@hbooks.co.kr
홈페이지 http://www.hbooks.co.kr **블로그** blog.naver.com/nextwave7
출력·인쇄·제본 (주)현문 **용지** 월드페이퍼(주) **후가공** (주)이지앤비(특허 제10-1081185호)

ISBN 978-89-6596-344-8 03320

이 도서의 국립중앙도서관 출판예정도서목록(CIP)은 서지정보유통지원시스템 홈페이지(http://seoji.nl.go.kr)와 국가자료
공동목록시스템(http://www.nl.go.kr/kolisnet)에서 이용하실 수 있습니다.(CIP제어번호: CIP2019034257)

설렘을 팝니다

왠지 모르게 다시 찾고 싶은

공간의 비밀

신현암 지음

흐름출판

물건을 팔지 않습니다
설렘을 팝니다

누구나 물건 또는 서비스를 구매할 때 합리적인 소비를 하길 원합니다. 속된 말로 '호갱'이 되고 싶은 사람은 없습니다. 그래서 작은 물건 하나를 살 때에도 가격을 비교하고, 효용을 따져보고, '사야 하는 이유'를 찾습니다. 이제 유행어를 넘어 국립국어원 홈페이지에도 등록된 가성비(가격 대비 성능 비율)는 합리적 소비를 가장 잘 반영한 단어라고 하겠습니다.

그런데 가성비보다 힘이 센 녀석이 있습니다. 바로 감성입니다. 판단 과정에 감성이 끼어들면 우리의 이성적 사고는 일순간 마비됩니다.

갖고 싶다.
먹고 싶다.
가고 싶다.

경쟁 제품과 품질 차이가 사라져가고, 세세한 부분까지 모든 정보가 공개되며 가혹하리만큼 실시간으로 평점이 매겨지는 요즘 같은 소비 환경에서 사람의 감성을 자극하는 것은 모든 제품, 서비스, 브랜드의 핵심 전략이 되고 있습니다. 그래서 오늘도 브랜드 전문가, 마케터, 경영이론가들은 '어떻게 고객의 감성을 자극할까'를 고민합니다.

30여 년 동안 마케팅 담당자, 프로젝트 기획자, 음반 제작자 그리고 경제연구소 책임자로 일한 저는 여러 감성의 영역 중에서도 특히 '설렘'에 주목합니다.

설렘.

사전적 의미로는 "마음이 가라앉지 아니하고 들떠서 두근거림, 또는 그런 느낌"을 말합니다. 연인을 만나기 100미터 전 설렘이 찾아옵니다. 오랫동안 준비한 여행을 앞둔 밤이면 마음이 설렙니다. 꼭 갖고 싶었던 물건이 담긴 상자의 포장을 뜯는 순간 설렙니다. 이런 마음이 들면 이성적인 체크리스트 따위는 저 멀리 사라져버립니다.

"비슷한 가격에 품질도 차이가 없는데 왜 저 브랜드만 팔리지?"
"우리 서비스보다 가격이 훨씬 비싼데 왜 저 가게만 사람이 넘쳐날까?"

그런데 인터넷이나 서점을 아무리 뒤져봐도 설렘에 대한 정제된 이론을 찾기는 어렵습니다. 큰 흐름은 알지만, 구체적인 접근법이 보이지 않을 때면 어떻게 해야 할까요? 제가 추천하는 가장 좋은 방법은 '벤치마킹할 수 있는 즉, 나에게 설렘을 주는 서비스와 제품'을 직접 체험하고 이를 분석 틀을 통해 정리하는 것입니다.

사례는 이론을 앞서기 마련입니다. 여러 사례가 모여 이론을 만들기 때문입니다. 지금은 디지털 환경 덕분에 세상이 빨리 변하고 어느 한 곳의 변화가 다른 곳으로 빠르게 전파됩니다. 정리된 이론이 나오길 기다리기보다는 새로운 사례가 나타났을 때 이를 발 빠르게 응용해 내 것으로 만들거나, 나에게 맞지 않으면 버리는 방식이 도움이 됩니다. 이것이 실리콘밸리에서 말하는 린(lean) 방식입니다.

가장 가까운 사례집, 도쿄

고등학교 1학년이던 1980년 서울 서교동에 사는 친구 집에 놀러 간 적이 있습니다. 당시 서교동은 꽤 부촌이어서 친구 집에는 이름도 생소한 VTR(Video Tape Recorder, 영상 테이프 녹화기)이란 기계가 있었습니다. 이게 뭐냐고 물어보니, 친구는 녹화된 방송 프로그램을 보는 기계라면서 VTR 테이프를 꺼냈습니다. 그리곤 1979년 12월 31일 일본 NHK에서 방송한 홍백가합전(紅白歌合戰) 녹화물을 보여주었습니다. 홍백가합전은 우리나라 연말

가요대상과 비슷한 프로그램인데 남자 가수팀과 여자 가수팀으로 나눠 그해의 히트곡을 부르며 한 해를 마감하는 프로그램입니다(1951년에 시작해 지금도 일본에서 인기가 많습니다). 흑백 화면만 보아온 저에게 총천연색으로 펼쳐지는 화려한 쇼 무대는 그야말로 충격이었습니다.

일본과의 인연은 사회생활을 시작하며 다시 이어졌습니다. 삼성경제연구소에 입사한 후 첫 해외출장으로 1989년 도쿄를 방문해 각종 유통업체의 발전상과 전략을 눈으로 익혔습니다. 1990년대 초반에는 제일제당(현 CJ제일제당)으로 파견 근무를 나갔습니다. 당시 제일제당은 일본종합상사인 미츠비시와 공동으로 도매회사 설립을 검토하고 있었습니다. 이 프로젝트의 실무를 맡았던 저는 일본 구석구석을 돌아다녔습니다. 추운 겨울철에는 창고를 어떻게 활용해야 하는지 배우기 위해 삿포로에 갔던 기억이 지금도 새롭습니다.

1998년에는 삼성경제연구소에서 '일본 대중문화 개방의 경제적 효과 분석'이란 프로젝트를 진행하기도 했습니다. 이 프로젝트를 위해 일본 출장이 필요했는데 출장비가 모자랐습니다. 변화하는 트렌드를 더 보고 익히겠다는 욕심에 주말을 활용해 개인적으로 일본을 다녀오기 시작한 것이 그 무렵입니다. 이처럼 오랜 세월 동안 저에게 일본은 한발 빠르게 트렌드와 기술을 접할 수 있는 가장 가까이에 있는 사례집 같은 곳이 됐습니다.

지금은 한류(韓流)가 일본 젊은 층 사이에서 일상이 될 만큼 우리나라와 일본의 격차는 확연히 줄었습니다. 그러나 트렌드, 브랜드, 산업, 마케팅 콘셉트 측면에서 일본, 특히 도쿄는 여전히 참고할 것이 많은 도시입니다.

설렘과 충성 고객

2017년 팩토리8 연구소의 문을 열고 초겨울부터 '도쿄에서 서울의 미래를 보다'라는 2박 3일 프로그램을 시작했습니다. 국내 경영자들과 도쿄 여행을 하면서 비즈니스 인사이트를 찾아보자는 기획이었습니다. 수없이 일본을 드나들었지만 사업가의 관점에서 각종 서적, 뉴스, 경제잡지, 인터넷을 뒤지며 갈 곳을 정했습니다. 사전답사도 여러 번 했습니다.

마침내 회원들과 함께 여행을 떠났습니다. 20~30명씩 다섯 차례에 걸쳐 여행했는데 성공한 경영자들은 무엇이 다른지 배울 수 있는 좋은 기회였습니다. 그분들이 가진 일본 연락망을 통해 시중에서 알기 어려운, 그러나 사업가라면 가볼 필요가 있는 장소도 많이 알게 되었습니다. 비즈니스 인사이트가 주제이다 보니 새로운 비즈니스 모델, 새로운 형태의 매장, 리뉴얼한 유통업태, 지방에서 처음으로 도쿄에 진출한 매장까지 두루 관심이 갔습니다. 오랜 역사를 지닌 매장에서는 그곳 특유의 장인정신을 느끼기도 했습니다. 한국보다 일본에 먼저 들어온 유명 브랜드를 접하며 우리나라에서는 시기상조구나 싶기도 했습니다.

그러다 문득 '우리가 찾아다니는 매장에 어떤 공통점이 있지

않을까' 하고 궁금해졌습니다. 연구원 기질이 발동한 겁니다. 일본어로 와쿠와쿠(わくわく)라고 하는 '설렘'에 생각이 미친 것은 그때입니다.

우리는 고객이 이성적 판단을 통해 특정 제품이나 서비스의 구매 여부를 결정한다고 배워왔습니다. '필요하면 사고, 불필요하면 사지 않는다. 집에 선글라스가 하나 있다면 또 살 필요가 없다.' 이성은 그렇게 말합니다. 그러나 실제 고객은 감정적 충동에 따라 특정 제품이나 서비스를 구매합니다. 마음을 움직이는 브랜드, 서비스, 제품에 대해서는 구매할지 말지 고민하지 않습니다.

제 지인 중에는 진열대에 놓인 선글라스가 '나 좀 데려가 줘'라고 말해서 샀다는 이도 있습니다. 그 선글라스를 보는 순간 뭔가에 사로잡힌 모양입니다. 이게 '설렘'입니다. 설렘의 원천은 디자인일 수도 있고 매장 분위기일 수도 있습니다. 멋진 옷차림의 판매원일 수도 있고 그 브랜드를 만든 오너의 경영철학일 수도 있습니다. 업계에서는 소비자가 '기능적 필요(functional needs)' 때문에 제품을 구매하는 경우는 10퍼센트에 불과하다고 봅니다. 나머지 90퍼센트는 '심리적 욕망(mental wants)' 때문에 삽니다.

흔히 제품이 아니라 브랜드를 만들라는 말을 많이 합니다. 왜 그럴까요? 고객은 훌륭한 브랜드에 신뢰를 보내고, 신뢰를 넘어 충성까지 합니다. 고객이 제품을 구매할 때 마음가짐은 다양합니다만 대략 정리하면 다음과 같습니다.

A – 나는 브랜드에 신경 쓰지 않아.
B – 같은 값이면 이 브랜드를 사용하겠어.
C – 나는 이 브랜드 아니면 안 돼.

이익기여도를 따지면 C형 고객이 A형 고객의 아홉 배에 달하는 기여를 합니다. 할리데이비슨(Harley-Davidson, 이하 할리) 오토바이를 예로 들어보겠습니다. 할리는 상대적으로 가격이 높습니다. 그래도 고객은 프리미엄 가격을 기꺼이 지불합니다. 할리가 실수를 할 때도 있습니다. 그러나 할리의 충성 고객들은 이를 용납하고 위로합니다. 오토바이를 사려는 주변 사람이 있으면 할리를 사라고, 아니 할리를 삼으로써 우리의 일원이 되라고 부추깁니다. 고객이면서 영업사원인 셈입니다.

할리의 고객들은 할리를 타고 다니는 스스로를 자랑스러워합니다. 심지어 몸에 할리 문신을 하기도 합니다. 할리 동호회 HOG(Harley Owners Group) 멤버들은 함께 라이딩을 하면서 할리에 대한 사랑을 더욱 키워나갑니다. 이처럼 훌륭한 브랜드는 지속적 충성 구매, 프리미엄 가격 지불, 타 브랜드 구매 거절, 실수 용납, 추천, 과시, 브랜드 커뮤니티 참여를 통해 기업의 매출 및 이익 증대에 기여합니다. 이는 브랜드가 자산이 되는 이유이기도 합니다. 할리에 대한 고객의 태도는 사랑하는 사람을 대할 때와 비슷합니다. 충성, 옹호, 용납, 위로, 자랑. 마치 첫사랑을 떠올리게 합니다.

사랑이라는 개념은 분해할 수 있습니다. 로버트 스턴버그(Robert Sternberg) 코넬대 교수는 '사랑의 삼각형(love triangle)' 개념을 내놓습니다. 바로 친밀감(intimacy), 열정(passion), 헌신(commitment)입니다. 이를 비즈니스로 확장하면 어떨까요? 박충환 USC 석좌교수는 《칭송받는 브랜드(*Brand Admiration*)》에서 고객과 브랜드의 관계를 '믿음(trust), 사랑(love), 그리고 존경(respect)이 어우러진 단계'로 정의합니다.

친밀감은 믿음, 열정은 사랑, 헌신은 존경과 어울립니다. 고객의 입장에서 브랜드에 대한 믿음이란 품질을 믿는 것이고, 사랑은 디자인 등 감성적 요소에 확 끌리는 것이며, 존경은 창업자의 철학, 예를 들어 나이키의 '일단 해보라(Just Do It)', 애플의 '다르게 생각하라(Think Different)'에 공감하는 것입니다.

품질로 차별화하던 시대는 지났습니다. 애플 아이폰이든 삼성 갤럭시든 중국 휴대폰이든 시장에 뛰어든 제품은 최소 품질 요건은 모두 갖추고 있는 것이죠. 고객은 더 이상 품질이 뛰어난 데에 감동하지 않습니다. 대신 디자인 같은 감성적 요소라든지 창업자의 철학 같은 공감적 요소에 감동합니다. 고객의 가슴을 뛰게 하는 것! 고객을 설레게 하는 것! 이것이 지금의 성공 공식입니다.

설렘의 현장, 도쿄의 21곳

고객에게 설렘을 주는 제품과 서비스를 만들고 싶다면, 어디서 그런 영감을 얻을 수 있을까요? 이 책에서는 도쿄에서 만날 수 있는 21개 공간을 모아보았습니다.

그런데 왜 굳이 도쿄일까요? 유행 혹은 트렌드에 민감한 도시라면 뉴욕, 파리, 런던, 밀라노가 떠오릅니다. 이 도시들은 세계 4대 패션쇼가 열리는 지역이기도 하지요. 단 이건 패션에 국한된 이야기입니다. 제조와 서비스로 넘어오면 달라집니다.

일본의 제조업, 특히 핵심부품 경쟁력은 세계 최강입니다. 최고의 제품을 만들기 위해 혼을 다하는 장인정신, 모노즈쿠리(もの造り) 덕분입니다. 이 단어는 매뉴팩처링(manufacturing), 즉 물건을 만든다는 뜻인데 생산 철학까지 담은 개념으로 진화해 고유명사로 자리 잡았습니다.

일본의 서비스업은 어떤가요? 일본을 제패한 도쿠가와 이에야스가 에도막부를 세우며 지방의 호족 세력을 견제하기 위해 지방 영주가 한 해는 자신의 본거지, 한 해는 수도인 에도(지금의 도쿄)에서 생활하도록 한 것이 1635년 제정된 참근교대(参勤交代, 산킨코다이) 제도입니다. 비유하자면 서울과 부산을 오가는 식의 대규모 행차가 매년 있었던 겁니다. 한 번은 부산에서 서울로, 다음에는 서울에서 부산으로 말이지요.

당시에는 철도가 있던 것도 아니고 말을 타거나 걸어서 이동해야 했습니다. 지방 영주의 행차이니 따라오는 수행원만 해도

그 규모가 대단했습니다. 이들이 잠도 자고 식사도 해야 합니다. 자연히 행차 길을 따라 수많은 식당과 여관이 생겨났습니다. 결과적으로 이 제도는 지방과 수도의 물자 및 인력 이동을 활발하게 하여 대형 상권을 형성하는 데 크게 기여했습니다. 요식업이 성행하면서 서비스의 중요성이 대두되고, 궁극의 서비스를 가리키는 오모테나시(おもてなし)가 탄생합니다.

제조 분야의 모노즈쿠리, 서비스 분야의 오모테나시만큼은 일본의 오랜 경쟁력이자 차별화된 강점입니다. 이 둘이 합쳐져 수백 년 전통의 노포(老鋪)가 지금까지 운영되고 개성 있는 공간과 브랜드가 새롭게 탄생하고 있습니다.

일본을 사례집으로 삼을 때 또 한 가지 이점이 있습니다. 미국이나 유럽에 가려면 시간과 비용이 많이 듭니다. 반면 일본은 마음만 먹으면 당일치기로도 다녀올 수 있지요.

이 책을 쓰고자 2018년 한 해에만 102일간 일본에 머물렀습니다. 설렘에 관한 힌트를 얻을 수 있다면 어디든 찾아갔습니다. 자동차로 가려면 도쿄에서 여덟 시간 걸리는 아오모리현 이나카다테(논에 다른 색의 벼를 심어 나폴레옹, 메릴린 먼로 등을 형상화한 라이스 아트로 유명한 곳)부터 야마구치현 산골짜기의 조그마한 양조장, 히로시마현의 숨겨진 한천 전문점 등을 다녔습니다. 모두 명불허전이었습니다. 이 모두를 책에 담고 싶었지만 지면의 한계상 도쿄에 집중하기로 했습니다. 나중에라도 이 책에서 소개한 곳을 방문하는 분들에게 제가 보고 느끼고 분석한 내용이 고스란히 전달되길 바라면서 말이죠.

다행히 지방의 유명 브랜드나 가게 대부분이 도쿄에 분점을 두고 있습니다. 규모나 분위기는 본점과 다를 수 있지만, 글로벌 소비자와 만나는 곳은 역시 도쿄 매장입니다. 도쿄 분점들이 자신의 홈그라운드가 아닌 곳에서 필사적으로 영업하는 모습, 본토 고객이 아닌 도시 고객, 나아가 글로벌 고객을 맞이하는 모습을 통해 분명 지방 본점보다 치열한 분위기도 느낄 수 있을 것입니다.

다시 찾고 싶은 공간의 숨겨진 전략

우리가 매장에 가는 까닭은 제품이나 서비스를 구매하기 위해서입니다. 매장에 가는 것 자체가 목적은 아니지요. 그런데 정말 그럴까요? 마케팅 분야의 석학인 필립 코틀러(Philip Kotler) 교수는 제품의 세 가지 차원을 이야기했습니다. 핵심제품(core product), 유형제품(actual product), 확장제품(augment product)입니다.

왜 고객들은 같은 색상의 여러 브랜드의 립스틱을 구매할까요? 아름답게 보이고 싶다는 희망 때문입니다. 이는 바로 핵심제품, 즉 그 제품이 주는 가치입니다. 그렇더라도 눈에 보이지 않는 희망을 살 수는 없습니다. 눈에 보이는 립스틱을 삽니다. 눈에 보이고 손에 잡히기에 립스틱은 유형제품입니다. 제품의 품질, 디자인, 포장까지 유형제품에 포함됩니다. 확장제품은 배달, 보증, 설치, A/S, 결제방식 등을 말합니다. 제품과 제품 디자인, 제품 포장 이상의 것까지 제품에 포함되어야 한다는 겁니다. 특히 제품 진열대의 느낌을 비롯해 매장 분위기가 판매에도 영향을 미칩니다. 진열대부터는 '공간'에 속합니다.

편집숍은 진열대 등 매장을 꾸미는 주인의 높은 안목을 반영합니다. 압구정동 갤러리아 백화점 맞은편에 있는 텐 꼬르소 꼬모(10 Corso Como). 2008년 3월에 탄생한 이 편집숍은 갤러리와 패션 매장이 뒤섞인 형태로 당시 트렌드세터의 이목을 집중시켰습니다. 실제 자매지간인 《보그》 이탈리아판 편집장과 《엘르》 이탈리아판 패션 기자가 의기투합해 1991년 밀라노에서 선보인 편집숍을 서울에 재현한 것이지요. 편집숍의 핵심은 제품 조달력과 공간 연출력입니다. 역시 핵심은 '공간'입니다.

스타벅스는 어떻게 초기에 자리를 잡았을까요? 남들이 서비스를 팔 때, 이들은 '제3의 공간'을 팔았습니다. 집 못지않게, 사무실 못지않게 편안한 시간을 보낼 수 있으면서도 우아한 분위기가 있는 공간. 짙은 커피 내음, 적당한 백색소음, 그리고 음악이 있는 곳. 바리스타가 진동벨을 주지 않고, 고객의 이름(혹은 영수증에 적힌 번호)을 불러 호출하는 것도 그만큼 편안한 공간을 만들기 위한 장치입니다.

이처럼 제품과 서비스가 아닌, 이들이 포함된 공간을 파는 시대입니다. 제품과 서비스 대신 공간을 이 책에 모은 이유가 여기에 있습니다.

먹거리 산업에 주목하다

이른바 4차 산업혁명으로 세상이 급변하고 있습니다. 어제 존재하던 산업이 오늘 사라지고, 오늘 없던 산업이 내일 탄생합니다. 그럼에도 '먹는 일'만은 변할 수 없습니다. 사람이 하루 생활하는 데 필요한 영양분을 알약에 담는 기술은 이미 충분히 개발됐습니다. 그런데 이 알약으로 생활하다 보면 어느 순간 우울증을 겪거나 심한 경우 극단적인 결과를 초래할 수 있다고 합니다. '사랑하는 사람과 이야기를 나누는 순간'이라든지 '맛있는 음식을 꼭꼭 씹어 먹는 순간'에 사람들은 행복을 느낍니다. 따라서 '무언가를 입속에 넣고 꼭꼭 씹는 즐거움을 추구하는 것'은 결코 사라지지 않을 본능입니다. 먹거리 산업(food industry)은 세상이 아무리 변하더라도 계속 건재할 것입니다.

이 책은 그런 먹거리 산업을 중심으로 설렘이 어떻게 작동하는지 다룹니다. 기왕이면 오랫동안 존속하는 산업에서 사례를 찾는 것이 도움이 되지 않겠습니까? 게다가 먹거리 산업은 사이즈도 큽니다. 2015년을 기준으로 IT 산업은 3500조 원, 자동차 산업은 1600조 원 규모입니다. 먹거리 산업은 5600조 원으로 IT와 자동차를 합한 것보다 큰 거대시장입니다.

탐방지를 방문하기도 쉽습니다. 공장을 견학하려면 사전 승낙을 받아야 합니다. 최신 반도체 조립공정은 기업 비밀이라 견학은커녕 출입조차 쉽지 않습니다. 지역마저도 도심지와 멀리 떨어져 있지요. 반면 먹거리 매장은 사통팔달 지역에 있습니다.

처음 방문하는 곳이라도 구글지도만 있으면 쉽게 찾아갈 수 있습니다. 가게 이름도 한자나 영어로 간판에 표기되어 있습니다.

먹고, 보고, 쉬며 비즈니스 인사이트를 얻다

여기 서점이 있습니다. 구하기 힘든 오래된 전문잡지로 둘러싸인 곳입니다. 책도 팔지만, 이곳은 책이 아닌 라이프스타일을 판다고 합니다. 무슨 뜻일까요? 보통 서점에서는 책을 팝니다. 그러나 라이프스타일을 파는 서점은 '은은한 조명과 잔잔한 음악이 흐르는 멋진 공간에서 커피 한잔하며 깊이 있는 잡지를 읽는 멋진 나 자신, 자랑스러운 나 자신'을 만나게 해줍니다. 그 대가로 기꺼이 시중보다 비싼 커피값을 치릅니다. 책 구매는 그다음이죠.

여기 식당이 있습니다. 50분간 아르바이트를 하면 한 끼 식권을 줍니다. 한 끼 식사라면 내가 먹겠지만, 한 끼 식권은 다른 누군가에게 양도할 수 있습니다. 사회에 기여하는 새로운 비즈니스 모델입니다. 이 식권을 이용하는 사람은 자기에게 한 끼 식사를 제공해준 누군가에게 감사의 기쁨을 느낍니다. 긍정심리학에서는 기쁨을 표현하는 단어로 즐거움(pleasure)과 희열(gratification)을 구분합니다. 즐거움은 잠시 기쁘다가 곧 잊어버리는 기쁨, 희열은 오래 기억되고 의미를 느끼며 푹 빠지는 기쁨입니다. 단순한 기쁨을 넘어 오래 기억되는 기쁨을 주는 식당에 고객은 존경과 공감을 보냅니다.

여기 미술관이 있습니다. 그런데 미술관보다 그 안에 있는 카페에서 바라보는 정원 풍경이 기가 막힙니다. 밖으로 나가 보니 새소리, 시냇물 소리가 '내가 도심에 있다'는 사실을 잊게 합니다. 숲 내음을 느끼려 큰 호흡을 합니다. 행복감을 느낍니다. 요즘 유행하는 '명상'과 다를 바 없습니다.

이처럼 도쿄의 공간 가운데 특징적인 곳을 고르고 골라 21곳을 소개합니다. 단순한 공간 소개를 넘어 마케팅·전략 분야의 필수 이론과 접목하려 노력했습니다. 이론이란 하늘에서 뚝 떨어진 게 아닙니다. 현장과 현실을 통해 다듬어집니다. 그런 까닭에 경영이론을 책이 아닌 현장에서 만난다면 더 오래도록 기억에 남을 것입니다. 생명력이 긴 이론은 그만큼 현장에서도 잘 받아들여집니다.

부디 저와 함께하는 도쿄 탐방이 여러분의 일에 도움이 되길 바랍니다.

차례 Contents

01

신에히메

리마커블의 교과서

#퍼플_카우   #주스_콸콸_수도꼭지   #오야부_다카시

일본 행정구역은 도쿄도, 홋카이도, 오사카부, 오키나와현 등 47개 도도부현(都道府縣)으로 나뉩니다. 각 지역별 특산품 매장은 수도인 도쿄 곳곳에서 만날 수 있습니다. 이런 매장은 '판매하는 곳'이라기보다 '소개하는 곳'에 가깝습니다. 일종의 플래그십 스토어(flagship store)로서 홍보에 중점을 두는 곳이죠. 서울에서도 이런 매장을 어렵지 않게 볼 수 있습니다. 실질적인 수익을 창출하는 곳이란 느낌은 거의 들지 않고, 지자체 홍보의 장 정도로 보이죠. 그런데 독특한 방법 덕분에 SNS의 성지로 떠오르며 지역 브랜드의 인지도를 전국적으로 올리고 수익을 내는 곳이 있습니다.

오야부 다카시(大籔崇)가 에히메현의 특산품을 소개하기 위해 만든 신에히메가 그곳입니다.

풍운아, 오야부 다카시

오야부 다카시. 1979년생인 그는 젊은 시절 남다른 삶을 살아왔습니다. 고향은 히로시마현입니다. 히로시마현은 에히메현과는 바다를 사이에 두고 있습니다. 직접적인 연고가 없는 에히메현에는 대학생 때부터 살았다고 합니다. 중학생 때 가족과 에히메현으로 여행을 갔는데, 문득 '에히메 국립대학이라면 왠지 다니고 싶다'는 생각이 들었다는군요.

원하는 대학에 들어갔지만 공부와는 담을 쌓고 살았다고 합니다. 대신 일주일 대부분을 파친코에 미쳐서 살았습니다. 보통 도박에 빠지면 가산을 탕진하기 마련입니다. 이를 패가망신(敗家亡身)이라고 하지요. 그런데 오야부는 특이하게도, 아니 운이 좋게도 파친코로 1000만 엔을 벌었습니다.

이때 돈에 대한 어떤 자신감을 얻었던 걸까요? 동기들보다 반년 늦게 졸업한 그는 주식투자에 몰두합니다. 200만 엔으로 시작한 투자금은 1년 반 만에 35만 엔으로 줄어듭니다. 80퍼센트 이상 날린 겁니다. 그러나 오야부는 돈을 잃은 데에 낙담하기보다는 왜 돈을 잃었는지 연구에 연구를 거듭합니다. 그리고 3년 반 만에 35만 엔을 15억 엔으로 불리고 주식에서 손을 뗍니다. 이 모든 것이 채 서른 살이 되기 전에 일어난 일입니다.

20대에 15억 엔의 자산가가 되었으니 이제 남은 생은 놀고먹어도 됩니다. 그런데 마음속 깊이 왠지 모를 아쉬움이 남았다고 합니다. 기부를 통해 뿌듯함을 느끼기도 했지만 잠깐뿐, 허전함이 채워지지 않았습니다. 파친코건 주식투자건 그를 가슴 뛰게 하는 일은 승부사적 기질이 필요한 일이었습니다. 결국 스스로 '사업을 해야 하는 숙명'이라 믿고 2006년 에이트원(Eight One, エイトワン)이란 회사를 설립합니다.

재미있는 것은 에이트원이 특정 사업을 하기로 정해놓고 설

오야부 다카시(표지 인물)의 경영 이야기는
일본에서 책으로 출간될 만큼 관심을 받고 있다.

립한 회사가 아니라는 점입니다. 회사를 먼저 차린 다음에 무슨
사업을 할까 고민했다는 겁니다. 그러다 우연히 에히메현 도고
(道後)온천 근처의 망해가는 작은 호텔의 인수를 제안받습니다.

도고온천은 3000년의 역사를 가진 일본에서 가장 오래된 온
천입니다. 역사만으로도 관광객을 불러올 만한 충분한 이야깃
거리가 됩니다. 그런데 왜 이곳 호텔은 망해가고 있었을까요?
오야부는 호텔을 직접 방문합니다. 현장을 보니 이해가 갑니다.
3000년 전통의 온천에 왔다는 느낌을 주어도 손님이 올까 말까
한데, 어느 지역에서나 볼 수 있는 색깔 없는 호텔이었던 거죠.
우리도 경주에 가서 하루 이틀 묵는다면, 일반 숙소보다야 고택
을 개조한 숙소처럼 무언가 현지 분위기가 나는 곳을 선호하지
않겠습니까? 오야부는 호텔을 둘러보고 자기가 사랑한 에히메

현을 알리는 사업을 하겠노라 다짐했다고 합니다.

제품에 리마커블을 입히다

오야부는 우선 에히메현에서 가장 잘한다고 알려진 것을, 제대로 브랜드화하는 일에 집중했습니다. 인수한 호텔의 식단을 에히메현에서 생산되는 농수산물만으로 구성하고, 타월 등 호텔의 어메니티도 에히메현 것만 사용하는 식이었죠. 그러자 점차 입소문이 나면서 수익이 개선되기 시작했습니다.

그가 에히메현의 여러 상품 중 대표적으로 지목한 것이 타월입니다. 에히메현의 이마바리(今治)시는 본래 타월로 유명해서 정부로부터 지역상품 육성 프로젝트 지원금까지 받는 곳입니다. 여기에 착안해 그는 2009년 이오리(伊織)라는 고급 타월 브랜드를 만듭니다. 이마바리의 옛 지명이 '이요(伊予)'입니다. 이요의 머리글자와 직물을 뜻하는 '오리(織)'를 합쳐 브랜드를 만든 거죠.

이 사업이 성공을 거두어 이오리는 2015년 별도 법인으로 독립합니다. 도쿄 긴자(銀座), 오사카 우메다(梅田)를 비롯한 일본 전역 23개 직영점을 운영할 정도로 규모가 커졌고, '타월 소믈리에'(이마바리 타월 공업조합이 마련한 인증제도)라는 타월 감정사를 60명 배출하기도 했습니다. 덕분에 '타월이라면 이오리지, 나는 이오리 타월 아니면 안 써'라고 말하는 브랜드 충성도 높은 고객을 상당수 확보하게 됐습니다.

이오리의 성공을 시작으로 에이트원은 놀랄 만한 속도로 성

◀ 에히메현 특산품인 밀감을 현대적 감각의 주스로 판매하는 텐 팩토리 긴자식스점.
▶ 커피에 밀감을 첨가해 고급 커피 맛을 내는 제품이 눈길을 끈다.

장합니다. 2012년 6.2억 엔, 2013년 10.5억 엔, 2014년 11.8억
엔, 2015년 19.6억 엔 등 4년간 연평균 성장률이 무려 47퍼센트
입니다. 호텔 사업과 이오리 타월의 성공을 통해 오야부 사장은
직접 경험한 바 없는 분야라도 열정이 있으면 충분히 해낼 수
있다는 자신감을 얻게 됩니다.

이 자신감을 바탕으로 2013년에는 텐 팩토리(10Factory)라는
밀감 주스 전문점을 세웁니다. 주스는 당연히 에히메현의 밀감
으로만 만듭니다. 2017년에는 긴자식스(Ginza Six)에도 입점했
습니다. 처음에는 유명 쇼핑점에 들어선 구색 맞추기 식의 지역
특산품 코너 정도로 여겨졌지만, 입점 첫해 예상 매출액 대비 세
배의 매출을 올리며 긴자식스에서 영업을 가장 잘하는 점포로

인정받게 됩니다. 이 상점에는 밀감 주스만 있는 게 아닙니다. 밀감 아이스크림, 밀감 셰이크, 밀감 젤리, 밀감 마멀레이드, 심지어 밀감 커피도 팝니다.

밀감 커피의 맛은 어떨까요? 커피에 밀감이 더해지니 특색 있는 신맛이 납니다. 고급 커피 중에는 과일 산미가 강한 신맛이 나는 종류가 있습니다. 밀감 커피에서는 딱 그 커피의 풍미가 느껴집니다. 밀감 주스도 재료별로 단맛, 신맛, 쓴맛으로 구분됩니다. 사과도 후지 사과, 아오리 사과가 모두 맛이 다른데 밀감도 마찬가지입니다. 주스 한 병을 팔더라도 소비자가 그 맛을 미리 추측할 수 있도록 배려한 것이 인상적입니다.

퍼플 카우의 교과서, 신에히메

2018년 3월 도쿄의 킷테 마루노우치(Kitte丸の内) 2층에 신에히메(シン・エヒメ)라는 에히메현 안테나숍이 문을 엽니다. 지금까지의 사업이 호텔 따로, 타월 따로, 밀감 주스 따로였다면 이를 '에히메현' 이름 아래 복합화한 공간을 만든 겁니다. 물론 호텔을 갖고 들어올 수는 없지만, 호텔이 있는 지역 즉 도고온천의 이미지를 최대한 활용해 매장을 꾸몄습니다. 이곳은 단순히 지역 상품을 알리는 플래그십 스토어가 아니라 마케팅의 스승 세

신에히메는 퍼플 카우의 살아 있는 교과서라 할 만하다. ▶
사진은 매장 입구에 걸려 있는 신에히메의 대표 캐릭터 '봇짱'.

シン・エビスさん江
和田ラヂヲ
2019.3.23

IKA
EAKI
GILDING WASHI
Made in Japan

스 고딘(Seth Godin)이 주창한 '퍼플 카우(purple cow)'를 재현한 공간으로 손색이 없습니다.

매장 입구부터 살펴봅시다. 입구에는 에히메현을 상징하는 '봇짱(坊ちゃん, 봇찬)' 캐릭터가 손님을 맞이합니다. 에히메현 출신 만화가 와다 라지오(和田ラヂヲ)에게 의뢰해 만든 캐릭터입니다. 입구부터 분위기가 흥겹습니다. '봇짱'은 일본을 대표하는 소설가 나쓰메 소세키(夏目漱石)의 《도련님》의 원제입니다. 이 소설의 배경에 도고온천이 등장합니다. 지역 캐릭터 이름에서부터 국민소설가—도고온천—에히메현을 연상하도록 한 것입니다. 이 정도만 해도 성공적인 마케팅입니다.

신에히메는 여기서 한발 더 나아갔습니다. 맥도날드에서 생일에 씌워주는 종이 왕관 있지 않습니까? 이런 종이 왕관에 봇짱 캐릭터를 덧씌웁니다. 그러고는 방문객이 잘 볼 수 있는 위치에 큰 거울과 함께 둡니다. 매장을 방문한 이들은 누구나 종이 왕관을 쓰고 인증사진을 찍습니다. 그리고 기꺼이 자발적으로 SNS에 사진을 올립니다. 저는 이 장면에서 퍼플 카우 전략이 떠올랐습니다.

세스 고딘의 명저인 《퍼플 카우(Purple Cow)》가 출간된 것은 2002년입니다. 이 책 도입부를 요약하면 다음과 같습니다.

저 멀리 목장이 보이는 탁 트인 길을 끝없이 드라이브하는 모습을 상상해봅니다. 푸른 하늘, 싱그러운 초원 그리고 거

봇짱 종이 왕관을 쓰고 찍은 인증사진은 SNS에서 어렵지 않게 발견할 수 있다.

기서 한가로이 거닐고 있는 젖소 떼…… 대자연의 아름다움에 심취하겠지만 한 시간, 두 시간 그런 광경이 계속된다면 어떨까요? 아마 지긋지긋하겠죠. 그럴 때 당신 눈에 띤 한 마리의 보랏빛 소. 세상에 어떻게 보랏빛 소가 존재하는 거죠? 당신은 깜짝 놀라며 옆자리에서 졸고 있는 당신 친구를 깨우겠죠. 제발 저 소를 보라고 외치면서요.

페이스북이 탄생한 게 2004년입니다. 세스 고딘은 이미 그전부터 SNS 시대의 도래를 예견한 듯합니다. 만약 페이스북이나 인스타그램이 등장한 뒤에 이 서문을 썼다면 끝부분에 두 문장이 추가되었을 겁니다. "그러고는 차를 세우고 사진을 찍겠죠. 또 SNS에 올리겠죠." 요즘 인스타그램에 사진 올리기가 유행처럼 번지면서 '인스타그래머블 굿즈(instagrammable goods)'라는 표현까지 등장했습니다.

하루에도 수백 종의 신제품이 쏟아져 나옵니다. 이러한 시장에서 살아남으려면 보랏빛 소처럼 남들과는 전혀 다른 제품을 만들어야 합니다. 평범한 제품을 만들고 광고에 거액을 투입하기보다는 차라리 사람들의 관심과 눈길을 끄는 '리마커블(remarkable)'한 제품을 만들라는 것이 '퍼플 카우'의 핵심 메시지입니다.

흔히 리마커블과 차별화를 같은 것으로 오해하곤 하지만 둘은 엄연히 다릅니다. 리마커블한 제품과 차별화된 제품을 가르는 차이는 무엇일까요?

저는 자발적 '입소문(바이럴)'이라고 생각합니다. 끝도 없는 초원에 얼룩무늬 젖소가 모여 있는 틈에, 누렁이 황소(차별화된 제품)가 한 마리 있다고 생각해보세요. 사람들이 사진을 찍어 SNS에 올릴까요? 그저 그런 차별화와 리마커블의 차이는 '자발적 입소문 활동'에 달려 있습니다. '봇짱이 그려진 종이 왕관'은 사진의 예에서 보듯 작은 장치에 불과하지만 그 효과는 매우 큽니다.

매장 안으로 좀 더 들어오면 종이 왕관보다 더 끝판왕으로 통하는 입소문 장치가 등장합니다. 바로 '밀감 주스가 나오는 수도꼭지'입니다. 모습도 흥미롭지만, 발상의 출발점 또한 매력적인 스토리텔링 요소를 갖고 있습니다. 왜냐고요? 에히메현에는 "우리는 밀감이 너무나 많아, 심지어 수도꼭지를 틀면 밀감 주스가 나올 정도야"라는 우스갯소리가 있습니다. 밀감이 그만큼 많이 생

밀감 주스가 나오는 수도꼭지와 여기서 직접 주스를 따르는 사람들.
세 개의 수도꼭지에서 각기 다른 맛의 밀감 주스를 맛볼 수 있다.

산된다는 걸 과장한 표현이지요. 그런데 실제로 수도꼭지에서 밀
감 주스가 나오는 장면을 구현할 줄 누가 상상이나 했겠습니까?

수도꼭지를 돌려봅시다. 세 개의 꼭지에서 나오는 밀감의 맛
이 다 다릅니다. 맛은 좋다 나쁘다 하기 어렵습니다. 사람마다

1 밀감의 품종과 가격에 따라 다양하게 구성된 제품들이 이채롭다.

2 이오리 타월을 밀감 형태로 포장한 제품.

3 신에히메는 에히메현의 지역 특산품 편집숍 역할을 한다.

4 680엔에 판매하는 밀감 주스 3종 비교 세트.

취향이 다르니까요. 꼭지에서 콸콸 쏟아져 나오는 밀감 주스를 보고 있으면 입가에 빙긋 미소가 떠오릅니다. 사진을 찍지 않을 수 없습니다. 요샛말로 '인싸'라면 SNS에 올리겠지요. 세 개의 통에서 맛이 다른 주스가 나오는 경우라면 별것 아닙니다. 그 주스가 수도꼭지에서 나오기 때문에 '퍼플 카우'가 됩니다.

신에히메에는 이 밖에도 이오리 타월을 색색의 밀감 모양으로 포장한 상품 등 다양한 에히메현 상품이 진열되어 있습니다. 그렇다고 에히메현의 모든 상품이 있는 건 아닙니다. 다른 현에 없거나, 다른 현에 있더라도 품질과 명성이 뛰어난 상품만 편집되어 있습니다. 그래서 이곳은 남녀노소를 가리지 않고 가볼 만한 도쿄의 명소가 되고 있습니다. '리마커블'한 상품과 서비스를 찾는다면 신에히메를 방문하길 권합니다. 재미있는 아이디어를 많이 얻을 수 있습니다.

신에히메에 가려면 도쿄역에서 내려 남구(南口) 쪽으로 나옵니다. 지하철로 가든 지상으로 가든 남구 방향 표시는 잘되어 있습니다. 출구에서 나오면 바로 킷테가 보입니다. 이곳 2층에 신에히메가 있습니다. 뒤에 소개할 사자 커피 매장과 함께 둘러보면 좋습니다.

신에히메
シン・エヒメ
東京都千代田区丸の内2丁目7-2

환화정

내 손길이 꽃이 되다

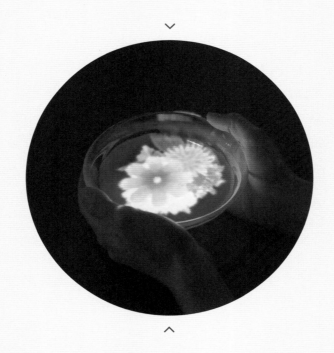

#고객_참여   #찻잔에_피어나는_꽃   #이노코_도시유키

프랑스 파리에 있는 루브르 박물관을 간다면 무엇을 봐야 할까요? 네, 〈모나리자〉를 빠뜨려선 안 되겠죠. 그런데 〈모나리자〉는 박물관 어디에 걸려 있을까요? 힘들여 찾을 필요는 없습니다. 사람들이 우루루 몰려가는 길을 따라가면 〈모나리자〉를 만날 수 있습니다.

물론 관람은 쉽지 않습니다. 작품 크기는 생각보다 작고, 방탄유리로 덮여 있는 데다가, 관람객 또한 인산인해입니다. 까치발을 하고 올려봐야 겨우 〈모나리자〉의 존안을 만날 수 있습니다. 〈모나리자〉 사진을 가장 잘 찍는 방법은 "뮤지엄숍에서 〈모나리자〉 엽서를 산 뒤, 그 사진을 찍는 것"이라는 위트 넘치는 유머에 머리를 끄덕이게 됩니다.

〈모나리자〉를 보러 온 전 세계 사람들 사이에서 휩쓸리며 약간 실망하다가 특이한 상상을 한 적이 있습니다. 〈모나리자〉의 관객을 주인공으로 한 작품을 만들고 이를 전시하는 것입니다. 작품명은 '모나리자와 관객들'. 작품 형태는 사진일 수도 있고 동영상일 수도 있습니다. 작품 안에는 〈모나리자〉 앞에서 까치발을 하고 서 있는 사람, 두 손을 번쩍 치켜들고 사진을 찍는 사람, 어린 자녀를 목마 태우고 흐뭇한 표정을 짓는 사람 등 다양한 관객의 모습이 〈모나리자〉와 함께 담깁니다. 〈모나리자〉를 보려고 애태우는 사람이 많으면 많을수록 작품은 흥미진진한 내용으로 가득할 것입니다. 〈모나리자〉뿐만 아니라 그 주변의 인물 군상까지 하나의 작품으로 만들고 거기에 자기도 포함한다면 멋진 체험 작품이 될 겁니다. 작품과 관객이 공존하는 콘셉트를 실현한 찻집이 도쿄에 있습니다.

손짓이 꽃으로 피어나는 찻집

〈모나리자〉는 정적인 그림이지만 관객까지 작품에 구현한다면 관객의 행동에 따라 여러 작품이 나올 겁니다. 도쿄의 어느 찻집에서는 찻잔을 놓은 고객의 몸짓에 따라 근사한 작품이 연출됩니다. 찻잔을 놓는다? 그렇습니다. 고객이 찻잔을 이리저리 옮길 때마다 디지털 기기가 반응해 새로운 작품이 만들어집니다. 이 찻집은 그저 차를 마시는 곳이 아니라 차와 디지털 아트를 한 번에 즐길 수 있는 곳입니다. 그럼 방문해볼까요.

먼저 찻집에 들어갑니다. 메뉴판에서 원하는 차를 고릅니다. 그러면 500원짜리 동전 크기의 조그마한 투명 통에 주문한 찻잎 재료를 담아 직접 보여줍니다. 냄새를 맡아보라고도 권합니다. 향긋한 차 냄새가 후각을 자극합니다. 아로마 향을 맡을 때처럼 기분 좋아집니다.

잠시 후 어두운 미로를 지나 ㄷ 자 형태 테이블이 여러 개 놓

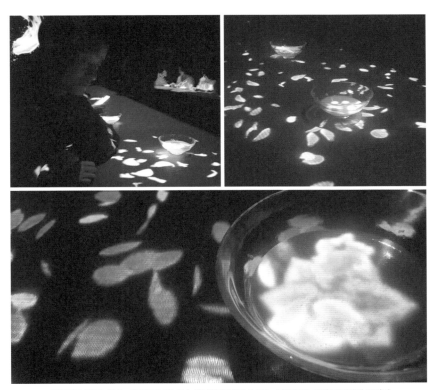

환화정은 차를 마시는 행위를 통해 예술 활동에 참여할 수 있는 공간이다. 사진은 몽환적 분위기의 환화정 실내.

인 공간으로 안내받습니다. 실내는 극장처럼 어둡습니다. 자리에 앉으면 자리를 안내해준 직원이 재료 통을 수거해 갑니다. 그러고는 찻잎을 우려낸 물을 도자기 찻잔에 따라줍니다. 직원은 찻잔을 바닥에 놓아보라고 합니다. 그대로 해봅니다. 곧 찻잔에서 꽃이 피어나기 시작합니다. 생각지도 못한 광경에 나도 모르게 '억' 소리가 나옵니다.

찻잔을 테이블 여기저기로 옮겨봅니다. 찻잔이 옮겨 간 곳마다 꽃이 피어납니다. 찻잔을 치운 자리에 있던 꽃은 꽃잎을 휘날리다가 천천히 사라집니다. 저는 불현듯 '회자정리 거자필반(會者定離 去者必返)'이 떠올랐습니다. 잔잔히 흐르는 음악도 분위기를 이끄는 데 한몫합니다. 어둠 속의 테이블 곳곳마다 꽃들이 피어났다 사라집니다. 차향의 여운도 함께 피어나는 것 같습니다. 따끈한 도자기를 잡고 있는 손의 감촉도 좋습니다. 물론 차 맛도 괜찮습니다. 오감이 살아 있음을 느낍니다.

차를 끓이면 찻잔에 꽃이 피어난다. 차가 남아 있는 한 꽃은 무한히 피어난다. 그릇 속의 차는 꽃이 끊임없이 피어나는 무한의 세계로 변화한다. 무한히 펼쳐지는 세계를 마시다.

이 찻집의 모토입니다. 처음 이 문장을 읽었을 때는 도통 무슨 말인지 이해가 가지 않았습니다. 직접 차를 마셔보고 나서야 의미가 와닿았습니다. 이 찻집의 이름은 환화정(幻花亭, En Tea House), '꽃의 환영이 보이는 정자'라는 뜻입니다.

디지털화한 가스트로노미

환화정은 디지털화한 가스트로노미(digitized gastronomy)를 체험하는 공간입니다. 단어가 생소합니다. 차근차근 풀어봅시다.

팀랩 보더리스 공식 유튜브 채널 (QR코드 참조)을 방문하면 텍스트로 전달하기 힘든 환화정의 매력을 느낄 수 있다.

　가스트로노미는 미식(美食)으로 번역합니다. 주로 프랑스 레스토랑에 가면 이를 표방한 요리 코스가 있습니다. 커다란 그릇에 담겨 있는 음식은, 마치 예술 작품 같아 입에 넣기 아까울 정도입니다. 대부분 먹기 전에 휴대폰 카메라를 꺼내서, 각도 잡고 사진 찍어 SNS에 올립니다. 환화정은 여기에 IT 기술을 접목해 한발 더 나아갑니다.

　이곳의 주 메뉴는 차입니다. 유자차, 보이차 등을 판매합니다. 환화정을 한자로 써놓은 브랜드가 인상적입니다. '花'의 사람 인 (人) 변이 왼쪽 아래가 아닌 가운데에 있습니다. 얼핏 '茶'로 보입니다. 친구들에게 환화정을 열심히 설명하다가, 한자를 모른다고 놀림받았습니다. 여기가 찻집이지 무슨 꽃집이냐며 장난스런 면박도 받았습니다. 일단 잘못 알았나 싶어 입을 다물고 있었습니다. 조용히 웹사이트에 들어가 검색해보니 다행이도 '花'가

1

2

1~2 팀랩 보더리스 전시장.
3 미술관 곳곳에 우리말로 표기된 안내문이
   있다.

맞습니다. 이 글자가 모든 것을 설명한다는 생각이 머리를 스치고 지나갔습니다. 차(茶) 위로 꽃(花)이 피어나고 있으니까요!

환화정은 50여 개 작품이 전시되어 있는 디지털 아트 뮤지엄 '팀랩 보더리스(teamLab Borderless)' 내에 있습니다. 경계가 없다는 '보더리스'란 말처럼 발길 닿는 대로 돌아다니라는 뜻입니다. 뮤지엄이라고는 하지만 어른을 위한 놀이공원에 가깝습니다.

미끄럼 타는 공간, 펌핑 점프를 할 수 있는 공간, 외줄 타기 하는 공간, 도마뱀·악어 등에 색칠하는 놀이 공간 등 다양한 공간이 있습니다. 색칠 놀이는 어린아이나 하는 것이라고요? 그렇지 않습니다. A4 크기의 흰 종이에 검은색 선으로 도마뱀을 그려놓은 종이가 비치되어 있습니다. 여기에 크레파스로 색칠을 합니다. 무늬를 넣기도 하고, 내 이름의 이니셜을 적어보기도 합니다. 다 색칠한 종이를 프린트 공간에 제출합니다. 그러면 내가 칠한 도마뱀이 바닥을 기어 다니기 시작합니다!

무슨 기술을 썼는지, 도마뱀이 살아 있는 것처럼 움직입니다. 발로 밟으면 다른 곳으로 도망가기까지 합니다. 그러다가 다른 사람이 그린 악어에게 잡아먹히기도 합니다. 뭐 이런 게 다 있습니까? 씩씩거리며 이번엔 악어에 색칠을 합니다. 그러다 보면 한 시간은 순식간에 지나갑니다. 디지털 기술을 활용해 아트를 연출하고, 그 아트를 고객이 함께 호흡할 수 있도록 만든 공간. 바로 팀랩 보더리스의 매력입니다.

예술가와 차사, 두 혁신가의 콜라보

팀랩 보더리스와 환화정을 운영하는 회사는 이름도 생소한 팀랩(teamLab)이라는 곳입니다. 이 회사는 이노코 도시유키(猪子寿之)가 설립한 디지털 아트 업체입니다.

이노코 대표는 도쿄대학 공학부를 채 졸업하기도 전인 2001년 회사를 창업해 19년간 디지털 아트에만 집중해왔습니다. 지금은 일본뿐 아니라 전 세계적으로 독보적인 실력을 갖춘 회사가 됐습니다. 이 회사는 그 이름처럼 400여 명의 팀원이 '집단 창조'를 하는 곳입니다. 전문성이 뛰어난 여러 사람이 모여 함께 무언가를 만듭니다. 수평적으로 조직을 운영하되 단점을 극복하기 위해 캐털리스트(catalyst, 촉매)라는 독특한 직책을 두고 있습니다. 캐털리스트는 외부 전문가와 내부 역량을 연결하는 역할을 합니다.

환화정도 그런 시스템에서 탄생했습니다. 이노코 대표는 요리나 식문화에 깃든 문화적 배경을 고찰하고, 이를 재해석해서 디지털 아트의 한 장르로 만들고 싶었습니다. 디지털화에 관한 한 그는 장인입니다. 그런데 음식에 대해서는 문외한입니다. 그래서 외부 전문가와 협업을 합니다. 음(飮)은 마실거리, 식(食)은 먹을거리입니다. 일본에서 전통적인 마실거리는 차(茶)입니다. 그는 협업 대상으로 당시 일본에서 천재 차사(茶師)라 불리던 마쓰오 준이치(松尾俊一)를 찾아갑니다.

마쓰오 준이치는 10여 년 전 혜성같이 차업계에 등장한 인물

팀랩 창업자 이노코 도시유키(왼쪽)와 천재 차사로 불리는 마쓰오 준이치.

로 2년 만에 일본 차 최우수상을 획득합니다. 어떻게 이런 일이 가능할까요? 사실 그의 집안은 대대로 차를 재배해온 농가입니다. 본인은 뇌과학을 전공하고, 언어청각사로 일하기도 했다고 합니다. 그러나 차의 가능성을 깨닫고 2007년 차의 세계에 입문합니다. 마쓰오는 다른 차사와 달리 차 밭을 중시하는 철학을 강조합니다. 와인도 그렇지 않습니까. 훌륭한 와인은 포도가 자라는 땅, 즉 테루아르(terroir)가 중요합니다. 차라고 다를 리 없겠죠. 일본에는 "사람은 흙에서 태어난, 흙의 자식"이라는 말이 있습니다. 그만큼 흙을 중요하게 생각합니다. 좋은 식재료도 좋은 흙에서 나옵니다. '제대로 된 식재료를 재배하기 전에, 제대로 된 흙을 만들라'는 메시지는 듣는 이를 숙연케 합니다.

차를 마시는 행위는 일본에서는 일종의 의식으로 통합니다.

그래서 다도(茶道)라고 하지요. 선수는 선수를 알아본다고 이노코와 마쓰오, 두 젊은이는 금세 의기투합합니다. 그리하여 환화정을 디지털과 전통 차 문화가 공존하는 공간으로 창조해냅니다.

그런데 집단 창조는 이노코와 마쓰오의 결합으로만 끝나지 않습니다. 환화정을 방문한 고객의 손길이 더해져야 완성됩니다. 다실 좌석에 앉아 찻잔을 기울여보고, 이리저리 움직여보는 행위 또한 예술 활동입니다. 이는 기존의 예술 감상 개념을 깨버립니다. 어두운 공간에서 여러 손님이 찻잔을 돌립니다. 손길이 움직일 때마다 꽃잎이 군무를 하듯 살랑거립니다. 고객 모두가 저마다 자기만의 동작으로 예술 작품을 만들고 체험합니다. 환화정에서 차를 마셔보면 '음식과 디지털 아트의 결합 + 고객 참여'가 어떻게 이루어지는지 몸으로 이해할 수 있습니다.

고객 참여

어떤 분야든 고객 참여의 중요성은 점점 커지고 있습니다. 이것이 입소문보다도 마케팅 효과가 크다는 연구 결과가 2014년 《MIT 슬론 매니지먼트 리뷰(MIT Sloan Management Review)》에 발표되기도 했습니다.

고객 참여를 위한 기업의 노력도 다양합니다. 사우스웨스트 항공은 승무원 지원자들과 단체면접을 하는 자리에 단골 고객을 초청합니다. 고객들의 피드백을 참고해 다음 면접 단계로 올라갈 지원자를 결정합니다. 스타벅스는 2008년부터 '마이 스타벅스 아이디어'라는 코너를 운영하고 있습니다. 웹사이트를 비롯한 여러 경로를 통해 고객 제안과 고객 참여를 장려한 것입니다.

고객들은 자신의 아이디어가 채택되었는지보다 이런 활동에 참여했다는 그 자체를 중시합니다. 어느 소프트웨어업체는 제품을 설계할 때 일부러 '사소한 오류'가 있는 제품을 출시하기도 합니다. 고객의 어필에 대해 즉시 인정하고 미리 준비된 해결방안을 제시하면, 고객은 기뻐할 뿐만 아니라 회사의 신속한 대응력을 높이 산다고 합니다. 고객과 더 깊은 유대감을 갖기 위한 고육지책이라고 할 수 있습니다.

기회가 된다면 환화정에서 차 한잔을 마시며 고객 참여의 새로운 발상을 떠올려보기 바랍니다.

환화정은 린카이(臨海)선 도쿄텔레포트(東京テレポート)역에 있습니다. 역에서 팔레트 타운(Palette Town) 방면으로 나갑니다. 커다란 관람차가 보입니다. 그 방향으로 갑니다. 관람차 근처에 가면 팀랩 보더리스로 가는 화살표가 눈에 띕니다. 이를 따라가면 됩니다.
환화정은 팀랩 보더리스 안에 있어서 찻값 500엔 외에 팀랩 보더리스 입장료 3200엔이 추가됩니다. 가격이 조금 부담되지만 값어치는 충분히 합니다.

팀랩 보더리스
teamLab Borderless(チームラボボーダレス)
東京都江東区青海1丁目3-8 お台場パレットタウン

03

사카나바카

카페 같은 생선가게?

전통시장의 생선가게에 가본 적 있나요? 기억을 더듬어봅시다. 매장 입구에는 생선을 진열한 좌판이 있습니다. 주로 얼음을 깔고 그 위에 생선을 올려두는 형태입니다. 가게 한편의 수족관에는 생물생선이 종류별로 가득 담겨 있습니다. 실내는 전체적으로 어둡고 바닥에는 물이 흥건합니다. 손님이 몰리는 시간이면 주인장이 박수를 쳐가며 호객을 합니다.

만약 강남 한복판에 싱싱한 생선을 파는 가게를 낸다면 어떻게 하면 좋을까요? 흰색, 하늘색, 그리고 나뭇결 무늬의 쇼케이스를 활용해 밝고 세련된 분위기를 연출하는 겁니다. 은은한 조명과 세련된 내부 장식으로 '생선을 파는 카페'라고 불려도 손색없을 정도의 분위기를 만듭니다. 예쁜 서체의 알파벳으로 멋진 가게 로고도 만들어 붙입니다. 가게 앞에는 지나가는 사람들의 눈길을 끌도록 조그마한 생물상어도 진열해봅니다. 사 갈 사람이 있을지는 모르겠지만 가격표도 붙여놓고요. 매장 안에서는 일반 마트에서 구하기 힘든 생선도 함께 파는 겁니다. 맛도 뛰어나고 가격도 경쟁력 있게 설정하고요.

사양산업은 없다

에이, 이런 가게가 어디 있느냐고요? 있습니다, 그것도 도쿄 한복판에. 바로 벤처사업가 야마모토 도루(山本徹)가 만든 사카나바카(Sakana Bacca)입니다. 2000년대 초반 홋카이도대학 공대를 졸업한 야마모토 도루는 간병 및 의료 관련 분야에서 사회생활을 시작합니다. 이후 영업 일도 해보고, 벤처사업으로 주식 상장의 경험도 쌓습니다. 그러던 중 우연한 기회에 꽁치 잡는 어부에게 일본 어업의 현실에 관한 이야기를 듣습니다. "생선 팔아봐야 운반비도 못 건진다." "자식에게는 절대 어부 직업을 물려주지 않겠다."

야마모토는 한탄스럽게 이야기를 쏟아놓는 어부를 보고 너무나도 안타까웠다고 합니다. 그러면서 동시에 '이러다가 조만간 꽁치나 고등어처럼 식탁에 빠질 수 없는 생선조차 못 먹는 날이 오는 것은 아닐까' 하는 불안감이 엄습했다고 하네요. 그는 수산 관련 경험이 전혀 없었습니다. 하지만 따지고 보면 공대 출신인 그가 의료 분야에 진출하거나 영업 일을 한 것도 사전 지식이 있어서 시작한 게 아니었습니다. 모르는 업태는 공부해서 지식을 쌓으면 되고 현장은 업계 사람들을 만나 파악하면 됩니다.

통계에 따르면 2017년 일본의 어부는 대략 15만 3000명입니다. 50년 전에는 58만 3000명이었으니 반세기 만에 4분의 1로 줄어든 셈입니다. 게다가 평균 나이는 60대 이상입니다. 생산자가 돈을 벌기 어려운 산업구조 탓에 수입은 과거에 비해 별로

사양산업에서 기회를 찾은 푸디슨 창업자 야마모토 도루.

늘지 않았습니다. 어부라는 직종 자체가 매력을 잃어버린 것입니다.

야마모토는 생산자, 즉 어부가 소득을 올릴 수 있는 구조를 만드는 것을 목표로 2013년 푸디슨(Foodison)이라는 회사를 설립합니다. 푸디슨은 음식(food)과 발명왕 에디슨(Edison)의 합성어입니다. 에디슨이 발명으로 세상을 바꾼 것처럼, '세상의 음식을 좀 더 즐겁게'를 미션으로 삼아 먹거리 관련 분야를 혁신하겠다는 의지를 담았습니다. 무엇보다 10년 안에 IT 기술을 기반으로 한 최고의 수산물 플랫폼을 구축하는 것이 과제였지요.

수산물 플랫폼의 첫 번째 지향점은 다종다양한 제철 수산물을 유통하는 것입니다. 앞서 강남 한복판에 생선가게를 만든다면 이런 모습이지 않을까 싶다고 한 매장이 바로 그 지향점을 담은 오프라인 플랫폼, 사카나바카입니다. 플랫폼이라는 거창한

사카나바카는 수산물 소매점에 대한 기존 관점을 바꿔놓은 곳으로 유명하다. 사진은 사카나바카 나카메구로점 입구와 내부 모습.

단어를 썼지만 소비자와 생산자가 만나는 곳이 플랫폼입니다. 수산물업계에서는 슈퍼마켓의 생선 코너, 백화점 지하의 수산물 코너가 플랫폼인 셈입니다. 그런데 사카나바카는 다른 생선 플랫폼과 무엇이 다를까요?

우선 취급하는 생선의 종류가 압도적으로 많습니다. 일본의 백화점 수산물 코너에서 취급하는 생선 종류는 몇 가지나 될까요? 고등어, 꽁치, 갈치, 도미, 연어, 참치 등 우리나라 수산물 코너에 비해서는 그 종류가 많다고 하지만 그래도 100종이 넘지 않습니다. 반면 일본 해역에서 잡히는 생선 종류는 1500종 이상이라고 합니다. 공해로 나아가면 그 수가 3000~4000종으로 늘어납니다. 사카나바카의 핵심역량(core competence)은 일반 유통 채널에서 취급하지 않는 어종, 이른바 마이너 어종도 취급한다는 겁니다.

어부 입장에서 생각해봅시다. 물고기를 잡았는데 마이너 어종입니다. 판로가 없으니 속상해하면서 바다에 다시 던집니다. 잡아봐야 이를 구매하는 도매상이 없으면 쓸모가 없지요. 사카나바카는 이런 물고기마저 구입합니다. 싼 가격에 가져가지만, 어부 입장에선 조금이라도 이익이 남게 됩니다. 배의 어창을 비워두느니 당연히 가져다 팔아야지요.

고객 입장에서 보면, 사카나바카가 맛과 품질을 보증하는 생선을 가성비 좋은 금액으로 구입할 수 있습니다. 사카나바카의 핵심 타깃은 30대 이상 주부입니다. 식구들에게, 가능한 한 저렴한 금액으로, 손수 음식을 해주려는 고객이죠.

소상공인과 어부를 직접 연결한 플랫폼

플랫폼의 두 번째 지향점은 음식점 전용 생선 도매 사이트 '우오포치(魚ポチ)' 구축입니다. 2014년 5월부터 시작된 이 사업은 일본 전역 20여 곳의 생산지에서 공급되는 1800여 종의 수산품을 간토 지역으로 배달하는 서비스입니다. 초창기에는 저항이 컸습니다. 이번에는 여러분이 음식점 사장님이라고 상상해볼까요? 여러분이라면 눈으로 직접 보지 않고 생선을 구입해 소비자에게 판매할 수 있겠습니까? 뭔가 좀 께름칙한 기분이 듭니다. 이런 께름칙한 기분을 풀어주려면 어떻게 해야 할까요?

스마트폰을 켜고 '우오포치' 웹사이트에 접속합니다. 생선의 실제 사진이 뜹니다. 규격, 산지, 어떤 방법으로 잡았는지까지 정보가 나옵니다. 가격은 물론, 주문 가능한 수량 정보도 제공합니다. 여기에 결정적으로 바이어들의 코멘트가 있습니다. 구매를 결정할 때 참고가 되는 거죠.

실제 사진과 바이어의 추천, 바로 이거였습니다! 그 덕분에 굳이 사장인 내가 직접 보고 고르지 않아도 된다는 풍토가 만들어졌습니다. 2019년 현재 1만 1000여 개의 식당이 우오포치를 통해 수산물을 산지에서 직접 공급받고 있습니다. 특히 재료 구입에 많은 시간을 쓸 수 없는 소규모 식당이 주요 고객입니다. 소상인들은 싼 가격에 신선한 생선을 힘들이지 않고 구할 수 있고,

우오포치는 생산자(어부)와 소비자를 직접 연결하는 도매 플랫폼이다. 생선을 직접 구매하기 힘든 소상공인 중심으로 시장점유율을 높이고 있다.

어부는 줄어든 유통 단계 덕분에 이윤이 늘게 됐으니 일석이조라 할 수 있습니다.

생선 배달은 배송 속도만큼 신선도 유지가 생명입니다. 기존에는 수족관이 설치된 트럭에 고기를 실어 배송하는 방식이었는데 신선도에 대한 불만이 높았습니다. 그래서 푸디슨은 '울트라 파인 버블 수(Ultra Fine Bubble 水, 질소 또는 산소를 포함한 작은 물거품으로 가득한 물)'를 개발합니다.

생선마다 신선도가 떨어지는 시간이 제각각인데 멸치는 빨리 상하는 대표적인 생선입니다. 이런 생선을 자체 개발한 물에 담가 유통시키면 훨씬 신선한 상태로 음식점에서 맛볼 수 있습니다. 우오포치는 이 기술로 배송되는 상품에 '극생선어(極生鮮魚)'라는 브랜드를 붙였습니다.

맥주보다 생맥주를 선호하는 사람은 살아 있는 효모의 맛을 즐긴다고 표현합니다. 일본 맥주업체들은 자사 제품 생맥주에 '극상(極上)'이라는 브랜드를 붙여 생맥주의 끝판왕을 자처하고 있습니다. 우오포치는 '극생선어'라는 흥미로운 이름으로 차별화·고급화를 시도했습니다.

그 밖에 수산업 분야의 인력을 소개하는 서비스도 추진 중입니다. 업계 사람들을 계속 접하다 보니 산업 내 인력 공급의 문제점이 눈에 띈 겁니다. 한 우물을 파보니 남이 보지 못한 사업 기회를 보게 된 것이지요.

가격은 낮추고 품종은 다양하게

2018년 마지막 날에 사카나바카 나카메구로(中目黒)점을 방문했습니다. 지하철역에서는 좀 떨어진 도로변에 있었습니다. 조용한 느낌이라 과연 가게가 있을까 의심이 들었습니다. 막상 가게 안은 꽤 많은 손님들로 북적였습니다. 계산하려는 손님 줄이 하도 길어 가게 점원과 인터뷰가 불가능할 정도였습니다.

좌판에는 이름을 처음 들어보는 생선이 제법 있었습니다. 마이너 어종인가 봅니다. 생선가게치고는 조명이며 고객 동선이며 나름 신경 쓴 부분이 보입니다. 가격 경쟁력은 소문대로 막강했습니다. 주변 마트나 백화점에 비해 저렴합니다. 계산대의 손님들도 생선을 여러 봉지씩 든 채 즐거워하고 있었습니다. 신선도, 맛, 가격, 다양한 제품 구색까지 모두 잡은 셈입니다. B2C 영업을 잘하고 있습니다. 하나를 보면 열을 알 수 있다지요. 우오포

사카나바카는 다양한 생선을 싼 가격에 구입할 수 있어서 주부들에게 인기가 많다.
▲ 긴 줄을 선 고객들. ▼ 대형 마트와 비교해도 저렴하게 생선을 판매하고 있으며, 다양한 수산
가공물을 소포장으로 구비하고 있다.

치를 기반으로 하는 B2B 사업, 인력 소개업도 잘하고 있을 것으로 예상합니다.

수요자와 공급자 모두에게 도움이 되는 플랫폼은 지속 가능한 비즈니스 모델입니다. 푸디슨은 사양산업이라 불리는 수산업을 육성해, 더 많은 수산물을 일본의 식탁에 가져다 놓겠다는

꿈을 좇고 있습니다. 어떤 업이든 플랫폼으로 만들 수 있습니다. 사카나바카에서 그 답을 찾아보기 바랍니다.

사카나바카는 히비야(日比谷)선 나카메구로역에서 찾아갈 수 있습니다. 역 정면 출구로 나와 우회전합니다. 4분 정도 걸으면 큰 네거리가 나옵니다. 미즈호 은행을 끼고 우회전합니다. 5분 정도 걷습니다. 자그마한 동네 공원이 나옵니다. 공원을 지나 다음다음 건물에 사카나바카 나카메구로점이 있습니다.

사카나바카 나카메구로점
Sakana Bacca(サカナバッカ) 中目黒
東京都目黒区上目黒2丁目21-4 大和 ビル 1F

04

닷사이 스토어

이단아가 뒤엎은 술판

#숫자_마케팅   #술_비교_세트   #사쿠라이_히로시

《신의 물방울》이라는 만화를 아십니까? 세계적 와인 평론가가 췌장암으로 세상을 뜨면서 약 200억 원 상당의 와인 컬렉션을 걸고 자신의 아들과 양자 간에 와인 이름 맞추기 경쟁을 시킨다는 줄거리의 만화입니다. 와인 이름 맞추기 경쟁이라고 했지만 흔히 아는 블라인드 테스트(blind test) 방식은 아닙니다.

간자키 유타카가 특정 와인을 마실 때의 느낌을 글로 표현합니다. 그러면 두 경쟁자는 그 느낌에 맞는 와인이 몇 년산 어느 와인인지를 답으로 제출합니다. 같은 포도밭이라도 해마다 포도 작황이 다릅니다. 그래서 같은 생산지라도 몇 년산이냐에 따라 와인 가격은 천차만별입니다. 와인 맛을 나타내는 만화가의 표현력이 걸출합니다. "프레시한 아로마, 그리고 서양의 허브, 상쾌하고 우아한. 그래요, 금발의 귀부인이 산들바람을 맞으며 서 있는 모습. 클로드 모네의 〈산보, 파라솔을 든 여인〉입니다."

아쉽게도 저는 이런 미각을 갖고 태어나지 못한 모양입니다. 《신의 물방울》 주인공들처럼 와인의 풍미를 느껴보려 해도 잘 되지 않습니다. 아카시아 맛, 코르크 맛, 초콜릿 맛, 심지어 담배 맛까지 느낄 수 있다는데, 제 미각이 문제일까요? 아니면 작가의 상상력이 대단한 것일까요? 아직도 어려운 것이 와인의 세계입니다.

"한 명당 한 병만 판매합니다"

그러다 닷사이(獺祭)라는 사케를 만났습니다. 저는 1990년대 말부터 일과 공부 때문에 주말마다 도쿄를 들락날락했습니다. 관광 같은 편한 여행과는 거리가 먼 일정이었습니다.

어쨌든 자주 하네다 공항을 오가다 보니 면세점에 들를 기회도 많습니다. 그렇게 오며 가며 발견한 것이 닷사이입니다. 일본 면세점에는 유명 사케 코너가 별도로 마련되어 있습니다. "닷사이는 한 명당 한 병만 구매할 수 있습니다"라는 안내문이 눈에 들어왔습니다. 가격이 만만치 않아 눈으로만 구경하다가 어느 해인가 큰맘 먹고 닷사이 한 병을 샀습니다. 누구랑 마실까 고민했습니다. 고마운 분들과 마실까, 아니면 사케를 마시며 일본 이야기를 나눌 수 있는 분들과 마실까. 결국 일본 주재 생활을 5년 이상 했던 지인들 모임에서 병을 땄습니다.

그때까지 마시던 사케와 향이 달랐습니다. '아, 술에서 꽃향기가 난다는 게 이런 거구나! 내가 와인에서 꽃향기를 못 느낀 건 내 혀의 문제는 아니었구나!' 그때부터 도대체 닷사이를 누가 만들었는지 궁금해졌습니다.

"닷사이는 한 명당 한 병만 구매할 수 있습니다." 닷사이는 공항 면세점에서 최고급 사케로 통한다.

이단아 사쿠라이 히로시

닷사이를 만든 사람은 사쿠라이 히로시(櫻井博志), 아사히 주조(旭酒造)의 3대 오너입니다. 1950년 소규모 양조장 오너의 아들로 태어난 히로시는 스물네 살 때 기업형 양조장에서 일을 배웁니다. 당시 일본 기업이 그렇듯 아버지의 부름을 받아 스물여섯 살에 가업을 잇기로 결심합니다. 그러나 번번이 아버지와 의견 충돌을 일으키죠. 간사이 지방의 변방인 야마구치현, 거기서도 산골짜기에 있는 조그마한 양조장과 그가 일한 기업형 양조장의 일하는 방식이 달랐기 때문입니다.

그는 3년 만에 가업을 잇겠다는 꿈을 버리고 회사를 뛰쳐나옵니다. 다시는 술에 관한 일은 하지 않으리라 맹세까지 했다고 합니다. 그리고 보란 듯이 석재업에 뛰어들어 성공합니다. 하지만 세상 일이 그렇게 뜻대로 되나요. 1984년 아버지가 갑자기 사망하면서 어쩔 수 없이 회사로 돌아오게 됩니다. 이후 6년여 만에 사케업계의 이단아로 불리며 사케 시장 자체를 뒤흔들어 놓습니다.

아사히 주조의 대표 상품은 닷사이입니다. 닷사이는 1990년 사쿠라이 회장이 직접 지은 이름입니다. 그 유래가 재미있습니다. 양조장이 위치한 지역 이름이 오소고에(獺越)입니다. 이 지역에 흐르는 강 상류에 수달(일본어로 獺, 발음은 '오소')이 살아서 붙은 지명인데, 수달이 종종 양조장 있는 곳까지 내려왔다고 합니다. 사쿠라이 회장은 지역 특성을 살려 수달이 들어간 브랜드를 고민합니다. 그러다 '달제(獺祭, 수달의 제사)'라는 용어를 접하게 됩니다.

수달은 잡은 물고기를 물가에 일렬로 늘어놓는 습성이 있습니다. 그 모습이 마치 제사상을 차려놓은 것 같아 '달제'라 부르는 거지요. 이 용어는 일본의 옛 문장가들이 좋아한 단어이기도 합니다. 제사상이 아닌 책상에, 물고기가 아닌 책을 늘어놓은 모습이 연상되기 때문입니다. 마사오카 시키(正岡子規)는 우리나라 천재 시인 이상(李箱)에 빗댈 만한 인물입니다. 그는 스스로를 '달제서점 주인(獺祭書屋主人)'이라 불렀습니다. 수달이 제사

전통에 얽매이지 않고 생산부터 마케팅까지 사케 업계의 판을 바꾼 사쿠라이 히로시.

를 지낼 때처럼 책을 쫙 펴놓고, 고민을 거듭하면서 시구를 한 자 한 자 정성껏 뽑아내는 모습을 표현한 것이지요. 사쿠라이 회 장은 여기서 착안해 닷사이 브랜드를 론칭합니다. '제사를 지내 듯 정성껏 술을 빚는다', '달제처럼 성실히 노력하겠다'는 뜻을 담았습니다.

앞서 밝혔듯 사쿠라이는 일본 양조업계의 이단아라 불립니 다. 양조업계의 전통을 거침없이 깨버렸기 때문입니다. 일본의 전통 양조장은 구라모토(蔵元)와 도지(杜氏)의 분업 시스템으로 운영됩니다. 구라모토는 오너이면서 판매를 담당합니다. 도지는 생산 및 품질을 책임집니다. 구라모토가 영화제작자라면 도지는 영화감독인 셈이죠.

도지는 특정 양조 회사에 소속되어 있지 않습니다. 영화감독이 영화제작사에 소속되지 않은 것처럼 말이죠. 도지가 업인 사람들은 늦봄부터 초가을까지는 농업이나 어업에 종사합니다. 그러다 쌀 수확철이 되면 계약을 하고 양조장에서 일합니다. 가을에서 겨울을 지나 봄까지만 술을 빚습니다. 그러고는 다시 자기가 하던 일을 합니다. 이것이 일본 전통주의 오랜 전통입니다.

도지의 술 제조방식도 지금 시각으로 보자면 독특합니다. 한마디로 눈대중으로 일합니다. 마치 할머니가 김장할 때 소금을 '적당히' 넣으라고 하는 것처럼 말이죠. '적당히'란 얼마만큼일까요? 5그램? 10그램? 계량스푼으로 몇 스푼이라 하면 이해하련만 할머니는 그렇게 말씀하지 않습니다. 할머니는 오랫동안 김장을 해왔기에 '적당히' 넣어도 김치가 맛있습니다. 그런데 '적당히'를 모르면 그 맛을 낼 수 없습니다.

사쿠라이 회장은 이런 시스템이 싫었습니다. 일정한 맛을 유지하려면 데이터가 있어야 하고, 데이터에 의한 관리가 필요하다고 본 겁니다. 1999년 아사히 주조의 경영이 어려워지자 마침 그해에 거래하던 도지가 발길을 끊습니다. 사쿠라이 회장은 차라리 잘됐다고 생각했습니다. 이참에 도지 없이 작업해보겠다고 다짐합니다. 자신이 도지를 내보낸 것이 아니기 때문에 업계로부터 비난받을 일도 없었습니다. 그는 도지 제도 폐지를 선언하고, 대신 직원들과 함께 고객의 목소리를 경청하면서 데이터에 근거한 제조기법을 하나씩 장착해갔습니다.

시스템을 바꾸면서 가장 좋아진 점은 '사케 연중 생산 시스템'을 구축한 것입니다. 이를 위해서는 시설과 인력이라는 두 가지 요건을 갖춰야 했습니다. 먼저 양조장 내부 온도를 섭씨 5도로 유지하고 완벽한 공조설비를 마련했습니다. 그전에는 도지가 반년만 일했기 때문에, 사케 생산도 1년에 절반 치밖에 할 수 없었습니다. 이제 아사히 주조에 도지는 없습니다. 대신 정규직 직원들이 1년 내내 동일한 품질의 사케를 만들 수 있게 됐습니다. 달리 말해 경쟁 양조장보다 두 배 이상 생산하게 된 것입니다.

고급화 전략도 빼놓을 수 없습니다. 사케는 쌀을 어느 정도 깎느냐에 따라 호칭이 달라집니다. 사케는 브랜드가 달라도 긴조(吟醸), 다이긴조(大吟醸) 같은 전통 분류를 따릅니다. 40퍼센트 이상 깎아낸 쌀을 사용하면 긴조, 50퍼센트 이상 깎아낸 쌀을 사용하면 다이긴조라고 부릅니다. 많이 깎아낼수록 사케 특유의 꽃향기가 강해집니다. 이게 생각보다 쉬운 기술이 아닙니다. 많이 깎을수록 쌀이 쉽게 부서지기 때문입니다. 당연히 많이 깎으면 버리는 쌀도 많아집니다.

아사히 주조는 여기에 승부를 걸었습니다. "다른 양조장이 다이긴조에 머무를 때, 우리는 깎을 수 있을 만큼 깎아보자." 그들이 생산하는 사케 가운데 '닷사이 39'는 61퍼센트, '닷사이 23'은 77퍼센트를 깎아낸 쌀을 사용합니다. 그만큼 사케 특유의 향은 강하고 맛은 부드럽습니다. 닷사이 중에서도 최고 등급인 '닷사이 비욘드'는 어느 정도 깎은 쌀을 쓰는지 공개하지 않습니다.

숫자 마케팅

생산부터 유통까지 전통을 중시하는 사케 시장에서 닷사이의 기행에 가까운 전략으로 변화를 꾀했지만 일반 고객들은 미묘한 맛의 차이를 알 수 없습니다. 아사히 주조는 어떻게 했을까요? 숫자 마케팅을 통해 고객들에게 닷사이만의 노력을 각인시키고 '비싸더라도 사고 싶은' 고급 브랜드로 자리 잡게 됩니다.

브랜드를 라인업하는 방법은 여러 가지가 있습니다. 우선 색깔이 있지요. 예를 들어 용평리조트 스키장에서는 옐로, 그린, 레드, 실버, 골드 등 색깔별로 다양한 코스를 구분합니다. 색깔로 '다르다'는 점을 단번에 알아볼 수 있습니다. 그러나 색깔로 '난이도'를 알 수는 없습니다.

이때 등장하는 것이 숫자입니다. 숫자를 사용하면 크거나 작다는 느낌을 표현할 수 있습니다. BMW 3·5·7 시리즈나 아우디 4·6·8 시리즈가 그러합니다. 숫자는 보는 사람이 직관적으로 알 수 있도록 합니다. 주스 브랜드인 '하루야채 350g'은 성인 1일 채소 권장량이 350그램인 데 착안했습니다. '2080치약'은 20개의 건강한 치아를 80대까지 보존해주는 제품임을 강조했습니다. 삼성카드는 1에서 7까지 카드마다 갖고 있는 혜택의 양대로 '숫자카드' 시리즈를 선보였습니다. 삼성전자는 '+20'이라는 공식을 홍보하면서 집 20평대에는 40인치 텔레비전, 30평대에는 50인치 텔레비전이 적당하다고 강조하며 마케팅을 펼치기도 했습니다.

아사히 주조는 기존 사케 분류 기준을 과감히 탈피해, 숫자 마케팅을 활용한 자신만의 기준을 도입했다. ▲ 왼쪽부터 닷사이 39, 닷사이 23, 닷사이 50. ▼ 닷사이 스토어에서는 쌀을 깎은 정도를 눈으로 확인할 수 있도록 도정된 쌀을 전시하고 있다.

　닷사이는 기존 다이긴조급 사케인 '닷사이 50'을 기준으로 해서 39, 23 등 숫자를 줄이는 방식으로 브랜드를 확립했습니다. 모든 제품이 적어도 쌀을 50퍼센트는 깎아낸 다이긴조급 이상 고급이란 의미를 나타낸 것이죠. 그렇다면 저급품은 없을까요?

있습니다. 단 숫자를 사용하지 않습니다. 닷사이 등외(等外)로 표기합니다. "닷사이에 숫자가 들어간 제품은 모두 고급입니다"라고 선언한 것이죠. 이는 고객에게 '닷사이 제품은 고급'이라는 인식을 심어주었습니다.

다른 유명 사케 가운데서도 숫자 마케팅을 쓰는 곳이 있긴 합니다. 쿠보타(Kubota, 久保田)라는 브랜드는 만주(萬壽, 만), 센주(千壽, 천), 하쿠주(百壽, 백)처럼 숫자를 써서 품질을 나타냅니다. 여기서 만주는 다이긴조급, 센주는 긴조급입니다. 즉 아무리 높아봐야 다이긴조급을 넘는 건 없다는 뜻입니다. 이처럼 대부분의 양조업체가 생산하는 대표 상품은 다이긴조급이며 나머지는 긴조급 이하가 많습니다. 그런데 닷사이는 대부분이 다이긴조급 이상입니다. 게다가 기준치인 50퍼센트를 훌쩍 뛰어넘습니다. 사케를 사려는 고객이 숫자만 보고 좋은 술임을 직감할 수 있도록 브랜딩한 겁니다.

'시마 과장' 한정판

닷사이는 숫자 마케팅 이외에 마케터 입장에서도 참고할 만한 다양한 이벤트를 벌였습니다. 대표적인 것이 바로 '시마 과장' 한정판 사케입니다.

2018년 여름 야마구치현에 큰 수해가 일어났습니다. 야마구치현에는 닷사이를 생산하는 공장이 있는데 수해로 이곳이 침수되면서 보관 중이던 사케 65만 병을 폐기 처분할 위기에 놓입

"서일본 수재민을 지원합니다." 수해로 폐기처분 위기에 놓인 사케 65만 병을 살려낸 시마 과장 한정판.

니다. 이 제품들은 품질에는 전혀 문제가 없었습니다. 고심 끝에 아사이 주조는 만화《시마 과장》으로 유명한 야마구치현 출신의 만화가 히로카네 겐시(弘兼憲史)와 콜라보를 통해 시마 과장 한정판 사케를 출시합니다. 그리고 이 사케의 판매금 일부를 야마구치현 재건에 사용하겠다고 발표합니다. '비싼 닷사이를 다소 저렴한 가격에, 그것도 시마 과장 캐릭터가 들어간 한정판으로 구입할 수 있다. 그리고 이 사케를 사는 것만으로도 야마구치현

1 닷사이 스토어 긴자점.
2 500엔에 판매되는 닷사이 3종 시음 세트.
3 닷사이 중 최고급으로 불리는 닷사이 비욘드.

재건에 보탬이 된다.' 폐기될 운명이었던 65만 병의 사케는 금세 팔려나갔습니다.

사케의 국제화 전략도 눈여겨볼 만합니다. 2018년 4월 '미슐랭(Michelin) 별 셋'으로 유명한 조엘 로부숑(Joël Robuchon)과 함께 파리 8구에 '닷사이 조엘 로부숑'을 개장했습니다.

사케는 와인과 달리 신선도가 맛을 결정합니다. 그런데 운반과 보관 과정에서 사케에 대한 이해가 부족한 외국인들의 실수로 맛과 향기를 잃고, 마치 그 맛이 본연의 사케 맛인 양 외국에 알려지고, 와인이나 위스키에 비해 저급 술로 취급받는 악순환을 겪습니다. 이에 분함을 느낀 사쿠라이 회장은 제대로 된 사케 맛을 알리기 위해 파리에 도전장을 던진 것입니다. 이 도전이 앞으로 어떤 결과를 가져올지 저는 흥미롭게 관찰하고 있습니다.

50-61-77 시음 세트

닷사이의 역사와 사케에 대한 새로운 해석, 마케팅까지 그 여정을 살펴봤습니다.

닷사이의 맛을 보기 위해 굳이 면세점에서 비싼 제품을 구입할 필요는 없습니다. 긴자의 닷사이 스토어는 3평 정도 공간에 테이블이 옹기종기 모여 있는 작은 규모지만, 닷사이의 철학과 맛을 체험하는 데 부족함이 없습니다. 여름철에는 문 앞에서도 시음할 수 있도록 의자를 가져다 놓았습니다. 입구 오른편에는 냉장고가 있습니다. 술 외에 아이스크림, 전병도 있습니다. 하긴

쌀로 사케만 만들라는 법은 없으니까요.

냉장고를 지나면 바가 있습니다. 이곳에서 주문을 받습니다. 바 오른쪽 테이블에는 정미 안 한 쌀부터 50퍼센트, 61퍼센트, 77퍼센트를 깎은 쌀까지 네 종류가 담긴 전시 세트가 있습니다. 77퍼센트를 깎은 쌀은 현미의 4분의 1 크기에 불과합니다. 숫자만으로는 느낄 수 없는 수고로움이 전해집니다. 500엔을 내면 정미율 50-61-77퍼센트 세 종류 닷사이를 비교해가며 맛볼 수 있는 세트를 구입할 수 있습니다. 그 차이를 음미하며 숫자 마케팅에 대해 생각해보기 바랍니다.

원한다면 닷사이 비욘드도 테스트해볼 수 있습니다. 가격은 45밀리리터에 2000엔이 넘습니다. 하지만 마셔보면 왜 비싼지 알게 됩니다.

닷사이 스토어는 긴자욘초메(銀座四丁目)역 A5 출구에서 찾아갈 수 있습니다. 출구 오른쪽에 닛산(Nissan) 자동차 전시관이 있습니다. 그길로 2분 정도 걷습니다. 작은 골목을 두 개 지나면 오른쪽에 아담한 닷사이 스토어가 등장합니다.

닷사이 스토어 긴자점

獺祭ストア 銀座
東京都中央区銀座5丁目10-2 F1

05

미래식당

선행을 사세요!

∨

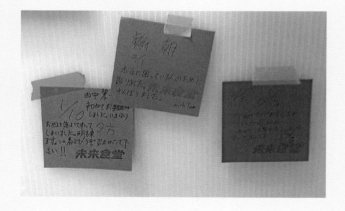

∧

#발상의_전환   #다다메시_식권   #고바야시_세카이

좌석이 열두 개에 불과한 조그마한 식당이 있습니다. 주인 혼자 운영합니다. 아무래도 벅차니 '알바생'을 뽑습니다. 도쿄의 최저 시급은 985엔입니다. 그런데 이 작은 식당은 50분간 일하면 알바비 대신 900엔짜리 식권을 한 장 줍니다. 상식적으로 이런 식당에서 일하려는 알바생은 없을 것 같습니다. 그런데 앞다퉈 서로 알바를 하겠다고들 합니다. 알바생 구성도 다양해서 직장인부터 취업준비생, 학생, 식당 창업을 준비하는 예비창업자, 주부까지 아우릅니다. 언론도 이 작은 식당을 대서특필하며 이곳의 비즈니스 모델을 칭찬하기 바쁩니다. 돈 대신 한 끼 식권을 알바비로 주는 악덕 식당, 이곳이 주목받는 이유는 무엇일까요?

  비밀은 한 끼 식권에 담긴 철학에 있습니다. 노동의 대가로 받는 한 끼 식권은 내가 쓸 수도 있지만 다른 이에게 양도할 수도 있습니다. 양도하려면 복잡한 절차 없이 식당에 있는 메모장에 식권을 붙여놓기만 하면 됩니다. 여러 이유로 한 끼 식사가 어려운 이들이 그 식권을 떼어 내밀면 이 식당에서는 어떤 절차나 설명 없이 돈을 내는 손님과 동일하게 식사를 제공합니다. 상당히 낯선 방식으로 운영되는 이 식당의 이름은 미래식당(未来食

堂, 미라이 쇼쿠도)입니다.

선행의 개념을 바꾼 식당

미래식당을 처음 방문한 것은 2018년 초 평일 오후였습니다. 점심시간이 조금 지났는데도 사람이 많았습니다. 줄 서서 기다리다 매장 안을 들여다봅니다.

주방을 중심으로 ㄷ 자 형태 좌석이 배치된 게 눈에 들어옵니다. 일본 드라마 〈심야식당〉의 한 장면이 떠오릅니다. 의자 수를 세어보니 열두 개, 우리 기준으로는 촘촘히 놓여 있습니다. 좁은 공간에서 생활하는 역량이 탁월한 일본인답게, 모두들 별 불편 없이 식사를 합니다. 손님들 사이에서 주인장이 정신없이 움직입니다. 주방 한편에서는 한 끼 알바생으로 보이는 사람들이 분주히 움직입니다. 이들이 바로 50분간 일한 뒤 식권(다다메시 식권, 한 번 식사할 수 있는 권리증)을 받는 사람들입니다.

우리는 종종 나눔을 하며 행복감을 느낍니다. 연탄 나눔, 쌀 나눔, 김장 나눔, 방한복 나눔. 그 행복감을 소중히 간직하기 위해 사진을 찍기도 하고 SNS에 올리기도 합니다. 그런데 도움받는 이의 입장이 되어봅시다. 도움을 주는 이의 사진에 찍혀 그들 SNS에 내 모습이 올라갑니다. 그다지 기분 좋은 일은 아닐 겁니다.

오래전 겨울, 제가 몸담고 있던 회사의 높은 분을 모시고 서울역 쪽방촌을 방문했습니다. 쪽방촌 노인분들에게 방한복과 담

미래식당은 오래된 건물 지하에 있어서 찾기가 쉽지 않다. 사진은 미래식당 입구.
입구 오른편에 보이는 게시판이 다다메시 식권을 붙이는 곳이다.

요를 나눠드리는 행사를 진행했는데, 할아버지 한 분이 쪼글쪼
글한 손으로 우리가 가져간 선물을 받아 쪽방 한편에 두었습니
다. 그 옆에는 조금 전까지 드시던 컵라면이 있었고 남루한 살림
살이도 눈에 들어왔습니다. 으레 그렇듯 이런 행사의 마지막은

기념 촬영입니다. 그런데 촬영에 응하던 할아버지의 얼굴 표정이 좀체 떠오르지 않습니다. 아마 제대로 보지 않아서겠지요. 겸연쩍어 그런 것도 있습니다만, 주는 이의 입장만 생각했지 받는 이의 입장을 생각하지 않다 보니 사진 찍기에만 바빠 상대방의 기분을 살피지 않은 탓입니다.

미래식당은 가장 겸연쩍을 수 있는 도움을 주는 자와 받는 자의 대면 상황을 배제합니다. 남에게 도움을 주고 싶다면 50분을 '한 끼 알바'에 할애한 뒤 식권을 붙이고 가면 그만입니다. 그 식권은 필요한 사람이 필요한 때에 사용하면 됩니다. 서로 만나지 않기에, 식권을 제공하는 사람의 진정성은 돋보이고 받는 사람의 불편함도 없습니다.

사연을 알고 나니 한 끼 알바생들이 달라 보입니다. 그들 중 대다수는 돈이 필요해서 온 것이 아니라 세상을 공부하고 경험하려는 이들입니다. 이 식당을 거쳐 가는 아르바이트 인원은 연간 450명 정도라고 합니다. 놀라운 수치입니다. 일손은 서툴더라도 그게 문제되지 않습니다.

주인도 고객도 알바생도 한통속?

그런데 미래식당은 재생산 가능한 비즈니스 모델일까요? 후원을 받지 않는 이상 식당을 유지하려면 '선한 의도'만으로는 부족합니다. 돈을 벌어야 합니다. 미래식당은 점심시간에 최고 10회전을 한다고 합니다. 의자가 열두 개인 식당에서 점심에만

▲ 식당 내부 모습. 왼쪽이 사장, 오른쪽이 한 끼 아르바이트생이다.
▼ 미래식당은 소박한 밥상으로 설명할 수 없는 '선행'이란 포만감을 선물한다.

120명의 손님을 받는다고? 처음에는 믿기지 않았습니다. 그런데 직접 가보니 의문이 풀렸습니다.

밥을 먹으려는 손님은 우선 식당 밖에서 줄을 섭니다. 자기 차례가 옵니다. 그런데 엉덩이가 의자에 닿기도 전에 식판부터 날아옵니다. 마치 우리의 백반집처럼 단일 메뉴를 판매합니다. 다만 반찬과 국은 그때그때 달라집니다. 밥은 옆에 있는 밥통에서 원하는 만큼 직접 퍼 먹을 수 있습니다.

자, 식판을 받았으니 느긋하게 식사를 하면 될까요? 아닙니다, 분위기가 그렇지 않습니다. 빨리 자리를 비워주어야 착한 일에 보탬이 된다는 생각에 다들 전속력으로 먹습니다. 제가 방문했을 때도 스마트폰을 보거나 뭉그적거리며 식사하는 손님은 찾아볼 수 없었습니다.

빠른 회전을 위한 다른 혁신도 눈여겨볼 만합니다. 단일 메뉴인 만큼 메뉴판이 없습니다. 주문을 받지도 않습니다. 앉으면 바로 식사가 나옵니다. 덕분에 주문 및 식사준비 시간이 절약됩니다.

일본은 제품에 붙는 소비세 8퍼센트를 소비자가 따로 계산해 내야 합니다. 예를 들어 800엔짜리 식사 메뉴를 주문하면 계산할 때 864엔을 내야 합니다. 익숙하지 않은 사람은 미리 계산하고 거스름돈을 받는 일이 여간 번거로운 게 아닙니다. 미래식당의 음식 가격은 '세금 포함 900엔'입니다. 대신 식사를 하고 나면 100엔 할인권을 줍니다. 다음부터는 800엔에 먹을 수 있는 거죠.

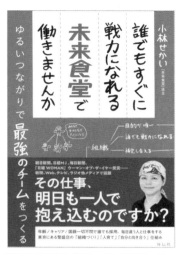

미래식당은 일본에서 새로운 모델로 주목받고 있다.

미래식당의 비즈니스 모델을 만든 사장이자 주방에서 직접 요리를 하는 요리사는 고바야시 세카이(小林せかい)입니다. 도쿄 공업대학 수학과를 졸업하고 일본 IBM과 쿡패드(레시피 검색 포털)에서 엔지니어로 일한, 요식업과는 전혀 인연이 없는 인물입니다. 평생 시스템을 만들고 효율을 따져온 사람이지만 '돈이 없어도 누구나 먹을 수 있는 공간'을 만드는 게 꿈이었다고 합니다. 그래서 기존 식당의 관습을 혁신하고 손님도 자발적으로 여기에 동참하는 식당을 연구했습니다. 결과적으로 돈을 내든 식권을 내든 차별하지 않는 식당, 그러면서도 돈이 벌리는 식당을 만드는 데 성공합니다.

이 식당을 관찰하면 낯선 경험을 몇 가지 더 할 수 있습니다. 어느 식당이든 외부 음식은 일반적으로 반입 금지입니다. 그런데 미래식당은 다릅니다. 외부 음료를 가져와 마실 수 있습니다. 단 절반만 마셔야 합니다. 나머지는 미래식당에 두고 와야 합니다. 만일 물 한 병을 가져왔다면, 일단 절반은 따라서 미래식당에 전달합니다. 본인은 따르고 남은 절반만 마실 수 있습니다. 미리 따라놓은 음료는 식권처럼 도움이 필요한 누군가가 눈치 보지 않고 마실 수 있도록 공용 냉장고에 보관합니다.

원활한 회전을 위해 제공되는 정식이 싫은 손님을 위한 나름의 배려도 있습니다. 저녁에는 추가로 400엔을 내면 손님이 원하는 반찬을 만들어줍니다. 단 냉장고에 재료가 있는 한에서 가능합니다.

알바생과 주인의 관계도 흥미롭습니다. 일반적으로 주인은 고용주이고 알바생은 피고용인입니다. 그런데 50분이 지나면 알바생이 식사할 권리가 있는 손님으로 변신합니다. 주인이 '을'이 되고 알바생(손님)이 '갑'이 되는 셈이죠. 일본에서는 식당에서 일하는 점원을 마카나이(まかない)라고 표기합니다. 식사를 준비하거나 시중드는 사람을 뜻합니다. 그런데 미래식당에서는 주인도 알바생도 모두 마카나이입니다. 다만 주인이 좀 더 숙련되었을 뿐입니다. 주인이 더 열심히 일하고, 그 모습을 유심히 관찰하며 일을 배우는 한 끼 알바생의 모습을 보는 것도 흥미롭습니다.

다다메시 식권에는 저마다의 사연과 응원 문구가 적혀 있다.

포만감 이상의 행복

음식 장사는 맛이 중요하다고 합니다. 백번 옳은 얘기입니다. 하지만 맛이 없어도 손님이 몰리는 식당이 있습니다. 첫 번째는 뒤에서 살펴볼 타니타 모델입니다. 타니타 식당은 식사가 아닌 건강을 팝니다. 이 식당을 찾은 손님이라면 맛이 없더라도 건강을 위해 기꺼이 수용합니다. 두 번째는 가스트로노미 모델입니다. 고가의 프랑스식 식당에 가면 커다란 접시에 음식이 아주 조금 담겨 나오는데, 마치 예술 작품을 보는 것 같습니다. 먹기에 너무 아까워 쉽게 손이 가지 않습니다. 대신 연신 사진을 찍어댑니다. 눈으로 감상하는 작품이기에 미각 못지않게 시각을 기쁘게 해줍니다.

세 번째는 미래식당 모델입니다. 다들 부지런히 먹는 통에 음식 맛을 느낄 새가 없습니다. 그럼에도 타인을 돕는 일에 동참한다는 생각으로 포만감 이상의 행복을 느끼게 됩니다. 50분의 아르바이트, 900엔의 식사로 주변 사람의 한 끼를 책임질 수 있다는 뿌듯함을 느끼고 싶다면 미래식당에 그 '미래'가 있습니다.

지하철 한조몬(半藏門)선, 미타(三田)선 등을 타고 헌책방으로 유명한 진보초(神保町)역에 내립니다. A1 출구를 나오면 네거리가 보이는데, 여기서 좌회전합니다. 왼쪽에 분홍색 꽃이 얼룩얼룩한 사쿠라 호텔(Sakura Hotel)이 보입니다. 여길 지나 다음다음 건물이 일본교육회관(日本教育会館)입니다. 과연 식당이 있을까 싶은 건물인데, 이 건물 지하에 미래식당이 있습니다.

요즈음 주인장인 고바야시 세카이가 바빠졌습니다. 강의에, 세미나에 식당을 열지 않는 날도 좀 됩니다. 미래식당은 단체 예약도 심심치 않게 있으니 미리 확인하지 않고 가면 낭패를 보기 십상입니다. 홈페이지(miraishokudo.hatenablog.com)에 식당 오픈 일정을 공개합니다. 반드시 확인하고 찾아가기 바랍니다.

미래식당

未来食堂
東京都千代田区一ツ橋2丁目6-2 日本教育会館

06

쇼분수

300년의 새로움

소주에 홍초를 타 먹는 것이 한때 유행했습니다. 투명한 소주 한 잔에 붉은빛 홍초를 살며시 부으면 술은 이내 연한 핑크빛으로 변해갑니다. 조금 취기가 오른 상태에서 그 모습을 보노라면 살짝 기분이 좋아집니다. 좋은 사람들과 어울리며 누리는 작은 호사지요.

술과 식초는 원래 한통속입니다. 과일을 발효하면 술이 됩니다. 술을 발효하면 식초가 됩니다. 와인을 잘못 보관하면 시큼한 맛이 나지 않습니까? 초(醋)가 되어버린 겁니다. 영어로 식초는 vinegar입니다. 이 단어 안에 포도주(vin)와 신맛(aigre)이란 뜻이 모두 들어 있는 걸 보면, 단어를 참 잘 만들었다는 생각이 듭니다.

300년 동안 한 명에게만 전수된 비법 식초

먹거리 재료가 좋으려면 생산지의 수질(水質)이 뒷받침되어야 합니다. 물이 좋은 데서 좋은 쌀이 나고, 좋은 청주도 생산됩니다. 당연히 좋은 식초도 만들 수 있습니다. 그래서 동서양을 막론하고 좋은 쌀과 술, 식초는 산지가 비슷합니다. 일본도 예외가 아닙니다. 지금의 후쿠오카현 남부 오카와(大川)시 인근이 예부터 좋은 쌀과 술의 산지로 불렸습니다. 당연히 좋은 술을 빚는 양조장도 많았겠지요. 그런데 수많은 술 빚는 집들과 경쟁하느니 식초 시장을 장악하겠다고 마음먹은 곳이 있었습니다. 지금부터 이야기할 쇼분수(庄分酢)입니다.

현재 쇼분수의 다카하시 가즈키요(高橋一精) 사장은 14대입니다. 일본의 장인 계보를 보면 몇 대라는 표현이 많이 나옵니다. 유래는 이렇습니다. 일본에서는 자식(아들)을 실자(實子), 양자(養子), 제자(弟子) 세 종류로 나눕니다. 가업을 이을 때 본인이 낳은 자식(실자)이 잇기도 하고, 사위가 양자가 되어 잇기도 하며, 어떨 때는 제자가 그 계보를 잇습니다. 경우는 달라도 모두 자식입니다. 다카하시는 14대 사장이니, 한 대를 어림잡아 30년이라 하면 400년의 역사입니다.

쇼분수의 시작은 1624년입니다. 우리 역사로 보면 광해군을 퇴위시킨 인조반정이 일어난 다음 해입니다. 실로 오래전이지요. 초창기 쇼분수는 술을 빚었고 4대 때부터 식초를 만들었습니다. 1711년부터 300년 넘게 식초를 만들어온 셈입니다.

오늘날 마트나 상점에서 흔히 살 수 있는 식초는 양조식초입니다. 양조식초는 주정에 초산균을 넣어 빠르게 발효해 생산하는데, 기계로 돌리면 24시간 만에 만들 수 있습니다. 반면 쇼분수의 식초는 지금도 300년간 내려온 비법 그대로 만듭니다. 그래서 생산까지 무려 3개월이 걸립니다. 흥미롭게도 이 300년의 비법은 전수자 한 명에게만 전해진다고 합니다. 대대로 내려오는 비법서의 첫머리에 이렇게 쓰여 있답니다.

이 책은 계승자만이 볼 수 있다. 향후 대대로 그렇게 하도록 하라.

책에 쓰인 대로 비법을 물려받는 이는 단 한 명입니다. 만에 하나 그가 사고를 당하면 다음 전수자가 그 책을 볼 수 있는 권리를 갖습니다. 이런 식으로 300년 넘게 식초를 만들어왔습니다.

현대적인 공법을 사용하면 하루에 만들 수 있는 식초를, 장장 3개월에 걸쳐 그것도 비법을 감춰가며 만든다는 것은 지금의 관점에서 보자면 효율성이 떨어지는 선택입니다. 그러나 쇼분수는 그런 선택을 지켜오고 있습니다.

왜일까요? '전통적인 생산방식을 고수하겠다'는 진정성이 바로 이 기업의 경쟁력이자 고객을 유인하는 요소이기 때문입니다. 양조식초에는 유기산·아미노산·비타민 등 영양소가 포함되지 않습니다. 곡물 혹은 과일로 술을 담그고, 그 술을 발효해야 다양한 유기산이 만들어지며, 다양한 영양소가 포함됩니다. 쇼분수는 이런 식초를 만들고 싶었던 겁니다.

긴자에서 살아남기

쇼분수는 후쿠오카 지방에서 오랫동안 이름을 날렸지만, 몇 년 전까지만 해도 지방 브랜드에 머물렀습니다. 그런 쇼분수가 2017년 전국 브랜드로 거듭날 기회를 얻습니다. 2017년 4월 문을 연 긴자식스에서 출점할 점포를 찾고 있던 겁니다.

긴자식스는 과거 긴자를 대표하던 4대 백화점(미쓰코시, 와코, 마쓰야, 마쓰자카야) 가운데 마쓰자카야와 그 주변을 재개발해, 기존 마쓰자카야 백화점의 네 배에 달하는 면적에 들어선 복합쇼핑공간입니다. 오픈할 때 일본 총리가 방문했을 정도로 일본 경제 부흥을 상징하는 곳이죠.

당시 긴자식스 경영진은 긴자식스에 출점할 수 있는 기업의 자격조건으로 세 가지를 내걸었습니다. 첫째, 글로벌 기업이라면 일본에 처음 출점하는 기업일 것. 둘째, 지방 기업이라면 도쿄에 처음 출점하는 기업일 것. 셋째, 이미 도쿄에 출점한 기업이라면 긴자식스점을 플래그십 스토어로 만들 것. 쇼분수는 도쿄에 처음 출점하는 지방 기업으로서 입점 자격을 얻었습니다.

세련된 멋쟁이의 도시 도쿄, 그중에서도 가장 화려하다는 긴자. 이곳에서 살아남으려면 품질은 기본이고 제품 디자인도 눈길을 끌어야 합니다. 고심 끝에 쇼분수는 제품 패키지 디자인 파트너로 메시지 디자인 센터(Message Design Center)와 손잡습니다.

2008년 설립된 메시지 디자인 센터는 쇼분수와 대조적으

SHOUBUNSU
GINZA PREMIUM

発酵酢屋　庄介酢

후쿠오카 지역 브랜드인 쇼분수는 도쿄 진출을 기점으로 300년의 전통은 지키면서 새로운 혁신 방법을 모색한다. 사진은 쇼분수 긴자식스점.

로 젊은 감성이 넘치는 크리에이티브 집단입니다. 규모는 별로 크지 않지만 기린 음료(Kirin Beverage Company), 롯폰기 힐스 (Roppongi Hills) 등 큰 기업과도 작업한 경험이 있습니다. 다카 하시 대표는 그 정도 경험과 열정이라면 300년 전통의 쇼분수 를 젊은 쇼분수로 재탄생시킬 수 있겠다고 확신한 모양입니다. 그래서 디자인을 의뢰해 제품 패키지를 완전히 뜯어고쳤습니다. 쇼분수가 젊은 브랜드로 거듭난 겁니다.

긴자식스 지하 2층에서 쇼분수 매장을 볼 수 있습니다. 세련 된 디자인의 날씬한 병이 촘촘히 늘어선 매장 벽면 진열장이 먼 저 눈에 들어옵니다. 진열장 위에는 봄, 여름, 가을, 겨울을 뜻하

메시지 디자인 센터와 협업해 만든 제품 포장.

는 영어 단어가 나열되어 있고, 그 아래 각종 과일이 디자인되어 있습니다. 식초 매장이라는 이야기를 미리 듣지 않으면 어떤 제품을 판매하는지 알 수 없을 정도입니다.

계절별 과일은 그 계절에 수확하는 과일을 의미합니다. 모두 식초의 원료가 됩니다. 거봉, 딸기, 사과, 감, 유자 등 각종 과일로 만든 식초에 현미식초, 쌀식초 등을 더해 총 26종의 식초를 판매하고 있습니다.

매장 입구에 들어서면 커다란 항아리가 호기심을 자아냅니다. 식초를 만드는 오카와 공장에서 사용하는 항아리라고 합니다. 항아리 안에 무엇이 있는지 살펴봅니다. 뜻밖에도 모니터가 들어 있습니다. 모니터에서 쇼분수 소개 영상이 끊임없이 돌아가고 있습니다.

이젠 진열장을 꼼꼼히 살펴봅니다. 위쪽에 놓인 식초는 디자인이 세련된 반면, 아래쪽에 놓인 식초는 전통적 느낌이 강합니다. 세련된 디자인은 마시는 식초, 전통적 디자인은 식재료에 사용하는 식초입니다. 포장에서부터 폭넓게 고객층을 공략하겠다는 의도가 읽힙니다.

매장 오른편에서는 다소 생소한 음료를 맛볼 수 있습니다. 식초를 첨가한 음료인데 아이디어가 기발합니다. 모두 네 종류이며 신맛의 정도를 물방울 표시로 나타냅니다. 마셔보면 생각보다 시큼하지 않고 상큼하다는 표현이 어울립니다. 그 밖에도 식초를 첨가한 다양한 간식을 판매하고 있습니다. 쇼분수의 전통을 지키되 다양한 세대의 입맛에 맞춰 식초를 변형하려 한 노력이 곳곳에서 느껴집니다.

다윗의 승부수, 진정성 마케팅

우리나라와 마찬가지로 일본의 식초 시장은 대기업 계열의 종합식품 회사들이 주도하고 있습니다. 시장조사 기관 닐슨의 통계에 따르면 2016년 기준 한국의 식초 시장은 1135억 원으로 추정됩니다. 그중 오뚜기, 대상, CJ제일제당, 샘표가 93퍼센트의 시장을 점유하고 있습니다. 일본의 식초 시장 또한 미즈칸(Mizkan), 큐피 양조(キユーピー醸造) 등 대기업이 과점하고 있습

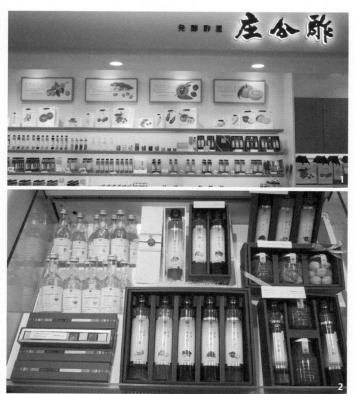

1 다양한 제철 재료를 활용해 식초를 만든다는 점을 강조한 매장 진열.

2 쇼분수 식초 선물세트. 재료 기준으로 총 26종의 식초를 판매하고 있다.

3 젊은 층과 주부층을 타깃으로 한 제품을 비교해보는 것도 재미있다. 왼쪽이 젊은 층, 오른쪽이 주부층을 대상으로 한 제품이다.

니다. 이들과 쇼분수의 규모 차이는 어느 정도일까요? 미즈칸은 2018년 기준 매출액 2846억 엔에 직원 수가 3800명에 달합니다. 물론 미즈칸이 식초 사업만 하는 것은 아닙니다. 낫토, 간장, 청주 등 다양한 상품군이 있습니다. 이에 비해 쇼분수는 직원이 70명에 불과합니다.

쇼분수가 미즈칸 같은 대기업과 경쟁하려면 어떻게 해야 할까요? 경쟁 자체가 가능할까 싶지만, 방법은 있습니다. 대기업의 단점을 거꾸로 활용하는 겁니다. 대기업의 장점이 대량생산이라면 작은 기업은 소량생산에 강해져야 합니다. 물론 적게만 생산한다고 잘 팔리는 건 아닙니다. 적게 생산하는 만큼 진심이 담겨야 합니다. 3개월에 걸쳐 식초를 생산하는 쇼분수의 장인정신처럼 말이죠.

경영이론에서는 이를 진정성(authenticity)이라 부릅니다. 대기업이나 유명 브랜드가 아니더라도 진정성을 보여주는 제품이라면 소비자의 신뢰를 얻을 수 있습니다. 이는 식품 산업 분야에서 진정성을 주제로 많은 연구를 한 글렌 캐럴(Glenn Carroll) 스탠퍼드대 교수의 주장이기도 합니다.

캐럴 교수는 진정성의 모범 사례로 소규모 양주 생산업체를 듭니다. 양주 시장은 조니 워커, 발렌타인 등 면세점에서 흔히 보는 브랜드가 경쟁하는 시장입니다. 소규모 업체는 물량, 자본, 마케팅 그 어느 것으로도 거대 브랜드를 당할 수 없습니다. 대신 소규모 업체는 전통적인 방식으로 위스키를 만듭니다. 사람이

1 500엔에 판매하는 네 종류의 식초 음료.

2 식초 음료는 테이크아웃으로 판매한다.

3 피클, 일본 된장 등 식초를 활용한 가공식품.

3

常備菜

あるとうれしい、一味もがうお酢屋のおかずです。

酢味噌
生姜とじゃこの佃煮
鉄火味噌
五目ちらし
らっきょ漬け
酢大豆
酢黒大豆
実りのピクルス
本格とまとソース

✤一部季節限定品あり

Preserves

Sumiso	Gomoku Chirashi	Pickled Black Soybeans
Tekka-Miso	Rakkyo "Pickled Onions"	Pickles
Tsukudani "Ginger & Jyako"	Pickled Soybeans	Tomato Sauce

✤Products may change depending on the season

직접 곡물을 바닥에 깔고 갈퀴질로 일일이 곡물을 뒤집는 산업혁명 이전 생산방식을 고수합니다. 사람의 손길이 더 가는 만큼 시간도 더 걸립니다. 이것이 바로 고객의 마음을 움직이는 마케팅 포인트가 됩니다. 캐럴 교수는 이 점에 주목한 겁니다.

쇼분수도 그렇습니다. 하루 만에 식초 만드는 방법을 모르는 게 아닙니다. 다만 그렇게 하는 순간 쇼분수의 고유한 경쟁력을 잃게 됩니다. 그래서 여전히 전통 방식으로 천천히 만듭니다. 쇼분수 매장의 장독대는 그런 정신을 상징하는 소품입니다.

"좋은 것은 변하지 않고 변해서도 안 된다"

쇼분수가 입점한 매장은 도쿄에서도 가장 세련미 넘치는 긴자 한복판에 있습니다. 전통의 진정성만으로는 고객의 설렘을 자극하기에 부족합니다. 전통적이라 함은 자칫 클래식(classic)이 아닌 올드(old)로 해석될 수 있습니다. 과거에 매여 새로운 소비자층과의 소통을 소홀히 한다면 스스로 구식임을 자인하는 꼴입니다. 신선함을 유지하기 위해서는 시대에 맞는 재해석을 게을리해서는 안 됩니다.

쇼분수는 제품 생산방식이 전통적입니다. 그럼 무엇을 손보면 좋을까요? 제품 디자인입니다. 식초를 사용하는 시기(time)·장소(place)·상황(occasion) 즉 TPO를 신선하게 바꾸면 됩니다. 그리하여 제품 패키지를 젊은 감각의 메시지 디자인 센터에 의뢰했습니다. TPO를 바꾸기 위해, 조미식초 못지않게 '마시는 식초'에도 비중을 두었습니다. 스무디가 탄생한 것도 마시는 식초를 강조하기 위함이었습니다. 결국 쇼분수는 제품의 전통적인 진정성은 고수하되 새로운 소비자에 맞춰 세련된 제품 디자인, 눈길을 끄는 포장 디자인, 식초를 첨가한 스무디 등을 만들어낸 것입니다.

쇼분수는 300년 가업을 이어오며 업훈(業訓)으로 삼고 있는 문구가 있습니다.

세상의 변화를 따라라. 하지만 좋은 것은 변하지 않는다. 변해서도 안 된다.

변해서는 안 되는 것은 계승자만이 볼 수 있다는 식초 제조공정이겠지요. 그러나 변화한 제품 디자인에서 보듯, 본질적인 것(식초의 제조공정, 맛)이 아니라면 철두철미하게 세상의 변화에 따르는 것이 쇼분수가 도쿄 한복판에서 찾아낸 생존 전략입니다. 이는 짐 콜린스(Jim Collins)와 제리 포라스(Jerry Porras)가 주장한 《성공하는 기업들의 8가지 습관(Built to Last)》의 내용, 즉 "핵심을 보존하고, 발전을 자극하라"와 일치합니다.

핵심을 보존하는 것은 '지킴'이고, 발전을 자극하는 것은 '바꿈'입니다. 결국 핵심 이념을 제외한 모든 것을 개선하고 혁신해야 한다는 것이죠. 콜린스와 포라스는 핵심 이념을 지키기 위해 고유한 기업문화를 갖추고, 내부 구성원이 CEO 직책을 승계하게끔 하라고 조언합니다. 혁신을 위해서는 높은 목표를 설정하고, 많은 것을 시도해 잘되는 것에 집중하며 끊임없이 개선하라고 말합니다. 콜린스와 포라스는 머크(Merck), 파이저(Pfizer) 등 초대형 기업의 사례를 연구했지만 그 요지는 기업의 규모와 상관없이 적용되는 모양입니다. 직원 수 70명에 불과한 쇼분수가 그렇게 하고 있으니 말이죠. 가업의 비문 전수, 내부 승계가 핵심 이념을 위한 것이라면 도쿄 진출, 제품 디자인 개선 등 다양한 시도는 혁신이라 하겠습니다.

일의 규모는 중요하지 않습니다. 중요한 것은 그 일에서 어떤 것을 지키고, 어떤 것을 바꾸어왔느냐입니다. 미래에도 생존하기 위해 장차 어떤 것을 지키고, 어떤 것을 바꿔야 할까요? 쇼분수에서 그 실마리를 찾아보면 좋겠습니다.

쇼분수 도쿄 매장은 긴자식스 지하 2층에 있습니다. 식초 스무디를 한잔 마시며 생각을 정리해보기 바랍니다.

쇼분수 긴자식스점
庄分酢 Ginza Six
東京都中央区銀座6丁目10-1 F2

07

프레세 시부야 델리 마켓

식재료를 팔지 않는 슈퍼마켓

#맞춤판매   #20대_여성을_공략한다   #블루오션

'시부야 스크램블(渋谷スクランブル)'을 아십니까? 일본 관련 뉴스가 텔레비전에 나올 때 자주 비춰주는 도쿄 시부야의 큰 건널목입니다. 세계에서 가장 붐비는 교차로라 불리는 곳으로 수많은 사람들이 신호가 바뀌길 기다리다가 파란불이 켜지는 순간 일제히 횡단보도를 건너는 장관을 연출합니다.

시부야는 우리나라의 강남역이나 홍대처럼 일본을 대표하는 젊음·유행·패션의 중심지입니다. 유명한 클럽이나 브랜드 매장이 집중적으로 입점했고, 한때 일본의 실리콘밸리라 불리던 비트밸리(Bit Valley)가 있는 곳이기도 합니다. '갸루(girl의 일본어식 발음) 패션'이라고 해서 짙은 화장을 하고 다니는 젊은 여성들의 성지이기도 했죠.

그래서 시부야는 일본에서 패션과 유행에 민감한 층을 대상으로 한 새로운 업태가 가장 먼저 등장하는 곳입니다. 크리에이티브 잡화점 도큐핸즈(Tokyu Hands), 카리스마 점원으로 유명한 시부야 109(시부야 이치마루큐)가 모두 이곳에 있습니다.

우리의 고객은 누구인가

유행의 최첨단 시부야에 2018년 9월 지상 35층 지하 4층의 복합건물, 스트림(Stream)이 문을 엽니다. 호텔과 오피스 공간이 주를 이루지만 1~3층은 먹거리 구역으로 꾸며져 있습니다. 이곳에서 저의 눈길을 끈 공간이 2층에 있는 50평 규모의 식품 매장 프레세 시부야 델리 마켓(Precce Shibuya Deli Market)입니다.

본격적으로 프레세 시부야 델리 마켓을 둘러보기 전에 잠깐 시간을 거슬러 올라가겠습니다. 프레세 시부야 델리 마켓의 모기업은 도큐(東急)그룹입니다. 시부야를 중심으로 한 전철 및 상권 개발에 특화된 회사입니다. 계열사 가운데 1957년 설립한 도큐 스토어는 식품 중심의 슈퍼마켓이 시작이었습니다. 처음에 도큐 스토어(Tokyu Store)는 중소도시에서 흔히 볼 수 있는 규모의 슈퍼마켓이었다가, 일본이 고도 성장기에 오르며 고객 소득이 늘고 소비 수준이 높아지자 거기에 걸맞은 업태로 변신해갑니다. 2000년 등장한 업태가 프레세(Precce)입니다. 브랜드의 어원이 프랑스어 preceder(앞서가다)인 데서 알 수 있듯이, 프레세는 고급화된 슈퍼마켓을 표방합니다.

2007년 도쿄 미드타운이 개발되자 도큐 스토어는 기존 프레세를 한 단계 업그레이드한 '프레세 프리미엄'을 만듭니다. 우리나라 SSG 청담점을 떠올리면 됩니다. 이 매장은 미드타운에 성공적으로 론칭하며 고급 슈퍼의 대명사로 자리 잡습니다.

그리고 2018년 프레세 시부야 델리 마켓이 문을 열었습니다.

프레세 시부야 델리 마켓은 20~30대 여성 직장인의 눈높이에 맞춰 간편식과 DIY 도시락 판매에 특화된 새로운 형태의 슈퍼마켓이다.

이 매장이 주 타깃으로 삼은 고객층은 20~30대 여성 직장인입니다. 이를 위해 '프레세' 뒤에 '시부야 델리 마켓'이라는 수식어를 붙여 지금까지 없던 새로운 업태임을 강조합니다. 슈퍼마켓이 다르면 얼마나 다르길래 '새로운 업태, 새로운 업태' 하는 것일까요?

블루오션

새로운 업태, 새로운 시장, 새로운 고객. 이런 단어를 들을 때마다 머릿속에 가장 먼저 떠오르는 단어가 블루오션(blue ocean)입니다. 2005년 김위찬 교수는 《블루오션 전략(*Blue Ocean Strategy*)》이라는 책으로 세계적인 관심을 모았습니다. 경쟁자와 시장쟁탈전을 벌이는 곳이 레드오션(red ocean)이라면, 경쟁이 없는 시장, 즉 남들이 들어올 수 없는 시장을 만들자는 것이 블루오션의 골자입니다. 수요자는 여럿인데 공급자는 나 혼자라면, 가격이든 뭐든 내 마음대로 할 수 있겠죠.

김위찬 교수는 블루오션을 창출하는 방법론으로 'E.R.R.C'를 제시합니다. 기존 경쟁자들이 추구하는 비즈니스 모델을 여러 단위로 분해한 뒤, 필요 없는 것을 없애거나(elimanate) 줄이고(reduce), 여기서 절감한 비용으로 필요한 것을 늘리거나(raise) 새로 만들라는(create) 겁니다. 〈태양의 서커스(Cirque du Soleil)〉가 대표적입니다. 〈태양의 서커스〉는 한때 공연으로만 10억 달러가 넘는 매출을 올리며 서커스를 재창조(re-invent)했다는 평가를 받았습니다. 이 사례를 통해 E.R.R.C를 살펴봅시다.

먼저 '제거하라'. 〈태양의 서커스〉는 코끼리나 사자 등 동물출연을 모두 없앴습니다. 사실 그전부터 동물보호론자들은 서커스에 동물을 출연시키는 것을 동물학대라 여겨 비판해왔습니다. 비용 면에서도 동물은 가성비가 떨어집니다. 당시 이름 있는 서커스단에는 코끼리가 한 마리씩은 있어 골머리를 앓았다고 합니다. 코끼리는 하루에 음식만 100킬로그램 이상 먹으니 식비가 만만찮죠. 또 엄청난 양의 배설물도 있습니다. 어쨌든 서커스 무대에서 동물을 제외함으로써 동물학대 혐의에서도 벗어나고, 비용절감 효과도 얻게 됩니다.

다음으로 '줄여라'. 서양 서커스에서는 전통적으로 머리에 올려놓은 사과를 칼로 던져 맞추는 묘기가 유명했습니다. 스릴이 넘칩니다만 사실 매우 위험합니다. 〈태양의 서커스〉는 이런 프로그램의 위험도를 줄였습니다.

세 번째 '늘려라'. 〈태양의 서커스〉는 무대를 좀 더 독특하게 만들었습니다. 일반적인 서커스는 천막 내의 공간에서 이뤄지지만, 태양의 서커스는 주제에 따라 다양한 무대를 활용합니다. 예를 들면 라스베이거스 벨라지오 호텔에서 상설공연 중인 〈오 쇼 (O Show)〉는 물을 주제로 합니다. 무대가 갑자기 땅으로 꺼지면서 물로 가득 채워지며 엄청난 크기의 수영장이 등장하는 식으로 기존 서커스와 차별화를 꾀합니다. 독특한 무대 자체가 경쟁력이 된 것이죠.

마지막으로 '창조하라'. 가장 중요한 요소입니다. 〈태양의 서커스〉는 스토리, 뮤지컬, 아트 등 다양한 요소를 서커스에 입혔습니다. 입에서 불을 뿜거나 외발자전거를 타는 묘기를 보여주던 기존 서커스와는 전혀 다른 문법으로 관객에게 접근합니다. 박수칠 만한 묘기를 넘어 한 편의 근사한 종합예술 체험을 제공합니다.

그 결과 세상에 없던 새로운 서커스가 탄생했습니다. 기존 서커스가 입장료 1만 원대의 영화와 경쟁했다면 〈태양의 서커스〉는 입장료 10만 원대의 뮤지컬·오페라와 경쟁합니다.

테이크아웃과 이트인

블루오션의 틀로 프레세 시부야 델리 마켓을 기존 슈퍼마켓과 비교해보겠습니다.

'제거하라.' 프레세 시부야 델리 마켓은 1차 식품을 판매하지 않습니다. 정육·생선은 물론 채소·과일을 그대로 판매하지 않습니다. 정육·생선은 전자레인지에 데워 먹기 좋게 반조리 혹은 완전조리를 한 포장 상태로 판매합니다. 채소는 일일이 손질해 포장한 샐러드 형태이고, 과일은 조각내어 플라스틱 통에 담아 판매합니다. 한마디로 햇반은 있지만 쌀은 없다고 보면 됩니다. 간장·식초·된장 등 조미료는 물론, 두부·냉동식품처럼 별도의 조리 절차가 필요한 상품도 취급하지 않습니다.

'줄여라.' 우유·주스·콜라·생수 등 주류를 제외한 음료수 코너의 비중을 대폭 줄였습니다. 줄이는 방식은 상품 종류는 구비하되 가짓수를 줄이는 방식을 썼습니다. 예를 들어 콜라라고 하면 코카콜라, 펩시콜라, 코카콜라 제로 등 상품 종류는 모두 갖춰놓았지만 캔 형태의 단일 용기만 판매하고 있습니다. 이를 통해 모든 음료의 가격대를 108엔 전후에 맞추고, 이 가격대의 음료수만 진열했습니다. 이렇게 상품 가짓수를 줄여 매장 공간을

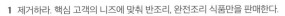

1 제거하라. 핵심 고객의 니즈에 맞춰 반조리, 완전조리 식품만을 판매한다.

2 줄여라. 늘려라. 중복된 상품의 가짓수는 줄이고 대신 핵심 고객이 선호하는 와인과 간단한 안주류의 가짓수는 늘렸다.

3~5 창조하라. 매장에서 바로 취식이 가능하도록 독립된 이트인 코너와 편의시설(휴대폰 충전시설, 다양한 종류의 음료, 맥주 자판기)을 갖추었다.

프레세 시부야 델리 마켓의 비즈니스 모델 전략은 DIY 도시락 코너를 보면 알 수 있다.

▲ 원하는 반찬을 골라 담을 수 있는 도시락. ▼ 제대로 구성된 가정식은 물론, 신선한 샐러드도 현장에서 조리해 판매한다.

확보한 만큼 무엇을 더 살렸을까요?

'늘려라.' 테이크아웃(takeout) 코너와 이트인(eat in) 코너를 대폭 확대했습니다. 이트인 코너란 라면이나 김밥 등 가공식품을 구입한 뒤 매장에서 바로 전자레인지에 데워 먹는 형태를 말합니다. 프레세 시부야 델리 마켓은 테이크아웃 75퍼센트, 점내에서 취식(이트인) 25퍼센트를 목표로 매장을 구성했습니다. 테이크아웃 비중이 높을수록 운영 효율성이 높아진다고 합니다.

와인과 안주 등 술 코너도 늘렸습니다. 와인 전문점에 견줄 만큼 취급하는 와인 종류가 많을뿐더러 병 크기도 다양합니다. 심지어 박카스병 사이즈의 와인도 판매합니다. 크래커나 치즈처럼 와인에 어울리는 소포장된 안주도 브랜드·종류별로 다양하게 선택할 수 있습니다.

소믈리에 실명제를 도입해 추천인의 사진이 붙인 다양한 와인을 전시하고 있습니다. 치즈, 생(生)햄, 와인을 세트로 묶어 마리아주(mariage)를 제안하기도 합니다. 고객들은 소믈리에의 사진과 경력을 확인하고 자신의 취향에 맞는 와인을 고를 수 있습니다. 특히 20~30대 여성 직장인들은 '퇴근 후 혼자 와인 한잔하고 싶을 때' 딱 맞는 콘셉트를 제공합니다.

와인보다 맥주를 좋아하는 고객이라면 수제맥주를 즐길 수 있습니다. 수제맥주는 기린 맥주가 생산하는 수제맥주 체인이 입점해 있습니다. 한잔만 마셔도 되고, 250밀리리터의 맛 비교 세트 네 잔을 주문할 수도 있습니다. 병에 든 수제맥주도 50종류가 넘습니다.

'창조하라.' 앞서 설명한 이트인 코너를 들 수 있습니다. 도시락이건 와인이건 매장에 앉아서 먹을 수 있습니다. 편의점 분위기이지만 매장이 2층이라 외부 사람의 시선에서 자유로울 수 있습니다. 좌석마다 USB 충전장치가 있는 것도 젊은 층에 대한 배려입니다.

매월 살림 전문가가 추천하는 일곱 개의 상품 코너도 눈길이 갑니다. 주 타깃층인 20~30대 여성 직장인은 상대적으로 살림에 몰두할 시간적 여유가 적습니다. 살림 전문가의 상품 추천 정보는 큰 도움이 됩니다. 온라인상에서 보는 것보다 실물을 눈으로 확인할 수 있으니 믿음도 갑니다.

대면판매 코너도 특색 있습니다. 오전 11시부터 오후 3시까지는 1식 3찬을 자기가 원하는 대로 주문할 수 있습니다. 주먹밥, 된장국, 돈가스 같은 주 반찬 한 가지, 나물 같은 보조 반찬 두 가지 하는 식으로 마음대로 구성해 800엔대에 구매할 수 있습니다. 이 시간대에는 음료를 무료로 제공합니다.

간단한 샐러드로 한 끼를 때우고 싶은 고객을 위해 맞춤형 샐러드 바도 운영합니다. 자기가 원하는 토핑을 여섯 가지 얹은 '나만의 샐러드'를 판매합니다. 물론 바쁜 사람을 위해서 바로 픽업할 수 있는 샐러드도 준비되어 있습니다. 오후 3시부터 9시까지는 피자를 판매합니다. 내가 원하는 토핑을 얹는 것은 물론이고 즉석에서 오븐이 아니라 화덕으로 구워줍니다.

프레세 시부야 델리 마켓의 비즈니스 모델은 이제 시작입니다. 사업의 성공 여부는 아직 확실치 않습니다. 도큐 스토어의 예상대로 연매출 3억 7000만 엔을 달성한다면 매장 수를 늘릴 것이고, 매출이 부진하다면 사업을 포기할 것이라고 합니다. 매출액 2조 엔이 넘는 도큐그룹 입장에서, 50평 정도의 신업태 실험 비용은 그리 큰 부담은 아닐 겁니다.

시부야역에서 16번 출구 쪽으로 갑니다. 출구에 거의 다다르면, '시부야 스트림 엑셀 호텔 도큐(Shibuya Stream Excel Hotel Tokyu)' 표지가 보입니다. 엘리베이터를 타고 2층으로 올라갑니다. 내린 뒤 호텔 방향 표지판을 보고 따라갑니다. 1분쯤 지나면 왼편에 호텔로 가는 엘리베이터가 보입니다. 거기서 조금 더 직진하면 오른편에 매장이 나옵니다.

프레세 시부야 델리 마켓

Precce Shibuya Deli Market

東京都渋谷区渋谷3丁目21-3

08

타니타 식당

건강을 파는 회사

#업의_확장   #두_줄_밥공기   #다니타_다이스케

타니타(Tanita, タニタ)라는 회사가 있습니다. 1944년 통신기기 부품 회사로 출발했습니다. 그러다 1959년 창업자가 미국 출장 길에 올라 집집마다 체중계가 놓여 있는 것을 보고 영감을 얻습니다. 귀국 후 발 빠르게 체중계를 생산해 건강계측기기 전문 회사로 변신합니다. 시간이 흘러 창업자의 아들 다니타 다이스케(谷田大輔)가 사업을 물려받습니다.

후계자가 으레 그러하듯 다니타 다이스케 사장도 '우리 회사의 미션이 무엇일까'를 고민합니다. 미션, 즉 존재 의의를 점검한 것이죠. 근본적인 고민 없이 '우리는 체중계 만드는 회사인데, 앞으로 어떤 제품을 만들까'를 따졌다면 지금쯤 타니타는 손목에 차고 있는 밴드에서 체중을 표시해주는 형태의 제품을 만들고 있을지 모릅니다. 기존 철학에 기술을 입힌 형태로, 좋게 말하면 이른바 4차 산업혁명 시대에 어울리는 제품을 구상했겠지요. 이것도 나쁘지 않지만 다니타 사장의 생각은 좀 남달랐습니다. 그는 이런 질문을 던집니다. "우리가 만든 체중계로 왜 사람들은 체중을 잴까?"

다소 엉뚱해 보이는 고민입니다. 우리는 왜 체중을 재는 걸까요? 여러 이유가 있겠지만 기본적으로 몸무게를 통해 건강 정도를 측정하기 위해서 아닐까요. 우리는 스스로 정해놓은 적정 몸무게의 기준이 있습니다. 기준보다 몸무게가 많이 나가면 식사량이나 술자리를 줄이고, 몸무게가 줄면 휴식을 취하거나 야근을 덜 하는 식으로 체중 관리를 합니다. 급격히 체중이 늘거나줄어드는 것은 위험신호이기 때문에 이럴 땐 병원을 찾기도 합니다. 체중이 곧 건강의 기본 지표인 셈이죠.

그런데 체중만이 건강의 척도일까요? 요즘은 몸에 있는 지방의 양을 중요하게 여깁니다. 이를 체지방이라고 부르죠. 체지방이라는 용어를 만들어낸 곳이 바로 타니타입니다.

다니타 사장은 건강을 측정하는 척도로 지방량에 주목합니다. 그리고 이를 측정하는 기계를 구상합니다. 그런데 지방(脂肪)이라는 단어를 일본어로는 '시보'라고 발음하는데, 이게 사망(死亡)과 발음이 같습니다. 지방량 계측기를 '지방계'라고 하려니어감이 영 좋지 않습니다. 그래서 지방 앞에 몸 체(體) 자를 집어넣어 '체지방'이란 단어를 만듭니다. 연구개발 끝에 1992년 세계 최초로 '체지방계'를 선보이고요. 전 세계 최초의 제품을 만들었으니 매출이나 이익은 두말할 필요가 없습니다. 지금도 타니타는 체지방계 시장에서 절대적인 지위를 갖고 있습니다.

우리 업의 본질은 무엇인가

체중계 이야기로만 끝난다면 타니타에 주목할 이유가 없습니다. 진짜 이야기는 지금부터입니다. 다니타 사장은 체중이나 체지방은 '결과(아웃풋)'라고 생각했습니다. 그런데 건강에서 중요한 것은 '인풋' 즉 먹는 것과 운동입니다. 이때부터 타니타는 먹는 것에 주목하게 됩니다. 여기에도 사연이 있습니다.

타니타는 1999년 본사 1층 건물에 사원식당을 엽니다. 사원식당이라고는 하지만 직원용으로만 문을 연 것은 아니었습니다. 타니타는 '체중이 아닌 건강을 측정'하는 기업으로 변신하고자 했고, 다양한 마케팅 활동 가운데 하나로 지역 주민의 건강 상태를 측정하는 캠페인을 시작합니다. 이 캠페인에 참가한 지역 주민의 식습관과 운동을 지도하기 위해 식사 공간을 마련한 것이 타니타 식당의 시작입니다. 이왕 몸에 좋은 음식을 제공하니 직원들도 먹도록 하는 게 어떻겠느냐는 의견을 받아들여 직원들도 이용할 수 있도록 했습니다.

그러던 어느 여름날, 사장이 식당을 찾았습니다. 한창 직원들로 붐벼야 할 식당이 의외로 한산합니다. 비만 치료차 식당을 방문한 지역 주민 틈에서 식사하고 있는 직원은 채 20여 명이 되지 않았습니다. 사장은 의아해하며 점심식사를 합니다. 곧 이유를 알게 됩니다. 닭가슴살 샐러드와 현미 주먹밥으로 구성된 식단은 전혀 구미가 당기지 않는 모양이었습니다. 맛도 무미건조합니다. 행복해야 할 점심시간에 식당에 앉아 있는 직원들의 표정은 불만으로 가득했습니다.

대충 식사를 마치고 나서는데 밖에서 식사를 하고 돌아오는 직원들이 눈에 들어옵니다. 아랫배가 남산만큼 볼록 나온 총무팀 직원, 셔츠가 금방이라도 터질 것 같은 상품개발팀 직원. 소비자에게 '비만은 암과 같은 질병'이라며 다이어트를 독려하는 회사의 직원이라기에는 너무나도 앞뒤가 안 맞았습니다. 사장의 마음속에는 이 모순을 해결하는 것이 회사를 변화시키는 첫 단추라는 확신이 섰습니다.

다음 날부터 사장은 매일 점심을 사원식당에서 먹기 시작합니다. '맛없다', '환자식 같다', '사원식당 밥은 금방 배가 고파진다'는 다양한 불만이 관찰됐습니다. 그동안 칼로리와 염분을 낮추기 위해 저염식과 소식을 강조하던 식단이 불만의 원인이었던 겁니다. 건강식에서 저염분과 저칼로리는 필수조건입니다. 두 조건을 충족하면서도 맛있고 배부른 식단을 만들 수 없을까? 사장은 영양사팀과 머리를 맞대었습니다.

우선 무미건조한 식단에서 벗어나기 위해 색감, 맛, 계절감을 느낄 수 있는 식단을 구상했습니다. 허용되는 범위 안에서 고기, 덮밥, 튀김도 제공했습니다. 틈틈이 동남아시아, 유럽, 아프리카의 대표 요리도 메뉴에 넣었습니다. 그날 마련된 식사를 통해 얻을 수 있는 효과도 구체적으로 알렸습니다. 어떤 날은 당뇨병 예방, 어떤 날은 변비 해소, 어떤 날은 칼슘 보충 식으로 테마를 정해 알리고 동기부여가 되도록 했습니다.

어떤 사업이든 성공 사례만큼 효과적인 홍보 수단은 없습니다. 사원식당에서 꼬박꼬박 식사를 한 배불뚝이 총무팀 직원이

1년 만에 21킬로그램 감량에 성공합니다. 이 사실이 사내에 알려지면서 식당은 직원들로 붐비기 시작했습니다. 결과적으로 사원식당을 이용하는 직원들 대부분이 체중과 콜레스테롤 수치에서 긍정적인 변화를 경험했습니다.

타니타, 문화 현상이 되다

맛과 영양이라는 두 마리를 토끼를 한꺼번에 잡은 이야기는 2009년 NHK의 전파를 탑니다. 당시는 일본에서 건강식에 대한 관심이 고조될 때였습니다. 일본 전역에서 타니타 식당에 대한 문의가 쇄도했습니다. 시청자로부터 레시피를 알려달라는 요청도 많이 받았습니다.

체지방계를 만드는 데에만 집중한 회사라면 한때의 홍보거리

타니타의 건강 식단은 전국적인 문화 현상이 되어 책과 영화로 소개되기도 했다.

정도로 넘겼을지 모릅니다. 그러나 타니타는 2010년 레시피를 담은 책자를 발간합니다. 이 책이 공전의 히트를 치며 누적 판매 부수 520만 부를 돌파해 그해의 최고 베스트셀러가 됩니다. 인기에 힘입어 〈체지방계 타니타의 사원식당〉이라는 영화가 제작될 정도로 타니타 식당은 문화 현상으로 자리 잡습니다.

타니타의 레시피에 열광한 고객들이 이번에는 식당을 열어달라고 요청합니다. 마침내 2012년 1월 도쿄역 주변 마루노우치에 타니타 식당이 문을 엽니다. 처음에는 점심시간에만 영업을 했는데 고객들이 아침 8시부터 줄을 설 정도로 인기를 끌었습니다. 원래 일본 사람들은 줄 서기에 강하지 않습니까. 아무리 그래도 아침식사 시간에 점심 먹기 위해 줄을 선다? 이것만으로도 뉴스 감입니다. 언론을 타면서 이를 본 사람들이 또 줄을 섭니다. 지금은 초창기보다 덜하지만, 여전히 타니타 식당을 찾는 고객은 줄지 않았습니다. 인기에 힘입어 2018년부터는 저녁에도 영업하고 있습니다.

두 줄 밥공기에 담긴 철학

제가 타니타 식당을 처음 방문했을 때, 가장 인상적이었던 것은 두 개의 선이 그어진 밥공기였습니다. 이 선은 스스로 식사량을 정할 수 있도록 그어놓은 것입니다. 아래쪽 선은 100그램, 위쪽 선은 150그램을 의미합니다. 그런데 주걱으로 밥을 듬성듬성 풀 수도 있고, 꽉꽉 눌러 담을 수도 있는데 어떻게 무게가 같은

1　타니타 식당 마루노우치점.

2　타니타 정식. 20분 동안 식사를 하라
　는 뜻에서 타이머가 식탁마다 놓여
　있다.

3　밥공기에는 100그램과 150그램을 의
　미하는 선이 그어져 있다. 밥공기와 타
　이머도 별도 판매한다.

가 하고 반문할 수 있겠죠. 이 선은 일반적으로 담을 때 기준이고 직접 담은 밥의 무게를 잴 수 있도록 식탁마다 저울이 놓여 있습니다. 저울에는 '-240'이라는 눈금이 표시돼 있습니다. 빈 밥공기의 무게가 240그램이기 때문입니다. 저울에 밥이 담긴 밥공기를 올려놓으면 정확한 식사량을 잴 수 있습니다.

식탁에는 저울 말고도 타이머가 보입니다. 타이머는 기본적으로 20분에 맞춰져 있습니다. 식사와 함께 타이머를 작동합니다. 아무리 바빠도 20분 동안은 꼭꼭 씹어 먹으라는 의미입니다. 실제 시간을 재며 먹어보았습니다. 대략 8분 만에 식사가 끝나더군요. 시간을 재기 전까지는 제가 그렇게 빨리 먹는지 몰랐습니다. 건강에 좋은 음식을 제공하는 것을 넘어 양과 시간까지 자율적으로 조절할 수 있도록 배려한 타니타 식당의 프로 의식에 감탄할 수밖에 없습니다.

2016년 이후 타니타 식당이 전국적으로 확장되고 있습니다. 목표는 홋카이도에서 오키나와까지 일본 47개 지역마다 최소한 한 개 식당을 개설하는 것입니다. 그 밖에 타니타가 감수한 도시락 상품도 판매하고 저녁식사와 아침식사를 집으로 배달하는 사업까지 전개하기로 했습니다. 사원을 건강하게 하겠다는 사장의 신념이 신규 사업으로 이어진 겁니다.

흔히 우리는 이런 사업방식을 문어발식 확장으로 봅니다. 그러나 아닙니다. '우리는 무엇을 하는 회사인가'라는 질문에 '일본인이 건강해지도록 돕는 회사'라 스스로 정의 내리고, 이에 입각

건강을 파는 식당답게 식당을 방문한 고객에게
인바디 측정을 해주고 있다.

해서 사업을 확장한 것입니다. 즉 업태가 다양하더라도 업의 본
질은 하나입니다. 자신의 업을 분명히 정의하고 꼬리에 꼬리를
물어 확장해가는 타니타의 성장 스토리는 시사하는 바가 큽니다.

타니타 식당 마루노우치점은 히비야역 B4 출구에서 찾아갈 수 있습
니다. '국제(國際, Kokusai)빌딩 입구'라는 표지가 보입니다. 20여 개
의 식당 안내판 가운데 하나가 타니타 식당입니다. 건강한 한 끼 식
사를 하면서 저마다 회사의 미션은 무엇인지, 회사가 존재하는 이유
를 대중에게 어떻게 설득할지 생각해보았으면 합니다.

타니타 식당 마루노우치점

丸の内タニタ食堂
東京都千代田区丸の内3丁目1-1 丸の内国際ビルヂング

09

무지 다이너

무지답다는 것

∨

∧

#콘셉트_확장   #깨진_표고버섯   #쓰쓰미_세이지

2019년 4월 4일 무지(Muji) 긴자점이 도쿄에 문을 열었습니다. 긴자점은 건물 상층부에 무지 호텔이 들어선다는 계획이 알려지면서 개장 전부터 언론과 대중의 관심을 모았습니다. 무지 호텔은 이미 2018년 중국 선전과 베이징에 먼저 문을 열었는데, 관련 리뷰가 SNS에 경쟁적으로 올라올 만큼 인기를 모으고 있습니다. 그런 무지 호텔이 무지의 본고장 일본에 개장한다고 하니 무지 팬들은 개장 날짜만을 손꼽아 기다렸습니다. 개장을 한 달 앞둔 2019년 3월 온라인 예약이 가능해지자마자 예약 전쟁이 펼쳐졌습니다. 저도 치열한 눈치작전 끝에 객실을 잡는 데 성공했습니다. 예약 날짜는 4월 중순 어느 날. 이미 개장 몇 달 뒤까지 웬만한 날짜는 모두 예약이 찬 터라 운이 좋았습니다.

연구자로서 저의 관심사는 객실보다, 호텔과 함께 들어선 무지 매장과 호텔의 부대시설을 포함한 무지 건물 전체가 '어떤 콘셉트로 꾸며져 있는가'였습니다. 잠만 자는 것이 목적이라면 비즈니스호텔을 이용하는 편이 훨씬 가성비가 높지요. 호텔은 방도 방이지만 로비, 식당, 식당 메뉴, 라운지, 운동시설, 정원 등 모든 것을 종합적으로 보고 판단해야 합니다. 전체를 관통하는

2019년 4월 문을 연 무지 호텔 긴자점은 오픈 전부터 예약 전쟁이 치열했다.

콘셉트가 브랜드의 생명입니다.

'무지'스럽다

도쿄 긴자 3번지에 위치한 10층짜리 건물이 무지 긴자점입니다. 지하 1층은 식당, 1층부터 5층은 무지 매장, 6층부터 10층까지가 호텔입니다. 저층은 무지 플래그십 스토어로 꾸미고, 그 위에 호텔을 얹은 셈입니다.

호텔과 함께 개장한 무지 매장은 평일에도 손님들로 발 디딜 틈이 없었습니다. 매장뿐만 아닙니다. 지하 1층 식당은 5월 초순까지 예약이 꽉 차서 예약 없이 식당을 찾으면 평균 두 시간은 기다려야 했습니다. 저도 무작정 갔다가 대기번호 120번을 받았습니다. 점원에게 물어보니 앞에 80팀이나 기다리고 있다고 합니다. 그래서 그날은 식사를 포기했습니다. 5월 중순 다시 무지 호텔을 방문하는 참에 식사 시간을 조금 비켜 식당을 찾았습니다. 30분 정도는 기다려야 한다는 안내를 받았습니다. 기꺼이 그쯤을 기다렸습니다.

무지에서 만든 식당에서 꼭 식사를 하려던 이유는 '지난 버전보다 얼마나 진화했는지' 알고 싶었기 때문입니다. 무지는 우리에게 간단한 생활용품부터 의류, 화장품 등을 자체 브랜드(private brand, PB) 상품으로 제작해 판매하는 것으로 유명합니다. 잘 알려지지 않았지만 무지는 요식업에도 진출했습니다. 무지의 식당 관련 사업은 카페앤밀 무지(Café&Meal Muji)에서 시작합니다. 2003년 여름부터 구상한 이 프로젝트는 2019년 6월 기준 일본 29개 점포, 해외 20개 점포를 운영할 정도로 커졌습니다. 매출액도 500억 원 규모로 무시할 수 없는 수준입니다.

긴자점에 새로 문을 연 식당은 카페, 또는 카페앤밀이라는 브랜드를 쓰는 곳과는 차별화를 시도했습니다. 식당 이름은 무지 다이너(Muji Diner)라고 붙였습니다. 'meal'이 간단한 식사를 뜻한다면 'dine'은 정찬에 가까운 의미이니 식당 관련 사업을 업그레이드하겠다는 야심이 엿보입니다.

식당 메뉴는 '무지답게' 간결합니다. 고등어구이 정식, 우리의 하얀 순두부와 비슷하게 끓인 두부 정식, 햄버거 스테이크 정식을 각각 850엔에 판매합니다. 도쿄의 물가를 생각하면 저렴한 편입니다. 재미있게도 식당 안에는 작은 두부공방이 있습니다. 이곳에서 식재료로 사용할 두부를 직접 만든다고 합니다. 통유

▲ 무지 호텔 긴자점 지하에 있는 무지 다이너 입구. ▼ 매장에서 직접 만든 두부를 중심으로 한 가정식과 샐러드. 샐러드는 뷔페 형태로 제공된다.

리를 통해 요리사들이 두부 만드는 과정을 직접 볼 수 있게 한 것이 인상적입니다. 정식에 400엔을 추가하면 밥공기만 한 그릇에 샐러드를 원하는 만큼 담을 수 있습니다. 탑을 쌓듯이 조심조심 담았더니 네 명이 나눠 먹기에 충분했습니다.

무지 다이너에 담긴 철학은 한마디로 소노쇼쿠(素の食), '재료 본연의 맛을 살린다'로 정리할 수 있습니다. 조미료를 거의 쓰지

않기 때문에 조미료에 길든 입맛에는 좀 싱거웠지만 무지의 철학을 모르고 온 것은 아니니 뭐라 할 수 없습니다. 오히려 무지가 수십 년 동안 추구해온 철학이 음식으로 구현된 것이라, 무지를 사랑하는 소비자들은 지금도 850엔 정식을 먹기 위해 긴 줄을 섭니다.

깨진 표고버섯

무지의 철학을 제대로 이해하기 위해서는 무지의 탄생 시절로 거슬러 올라가야 합니다.

쓰쓰미 세이지(堤清二) 세이부(西武) 백화점 회장은 1980년 임원과 외부 전문가 들을 불러 모아 자체 브랜드 상품을 만들 것을 주문합니다. 세이부 백화점에는 세이유(西友)라는 양판점 부문이 있었는데 이곳에서 자체 브랜드로 '무인양품(無印良品, 일본어 발음은 '무지루시료힌'이며 그 앞 글자를 따서 1991년부터 '무지'라는 이름을 같이 쓰고 있다)'을 론칭합니다. 무인양품은 문자 그대로 '브랜드는 없지만 품질이 좋다'는 뜻이지요. 오늘날 신세계그룹에서 운영하는 노브랜드(No Brand)가 무인양품에서 영감을 얻었다고 보면 됩니다.

무인양품은 브랜드 론칭과 함께 40개의 제품을 내놓았는데, 그중 '깨진 표고버섯'이 일본 소비자의 마음을 사로잡았습니다.

일본인은 국물을 낼 때 쓰는 '다시(出し)'를 중요하게 여깁니다. 다시 재료로는 표고버섯을 많이 쓰며, 보통 모양이 예쁘고

흠집 없는 것을 비싼 가격에 구매합니다. 흠 없는 표고버섯을 예쁘게 찢어 국물을 우려내는 것. 이것을 정성이 가득한 요리법이라 여기지요.

그런데 한번 따져봅시다. 어차피 국물 내려면 표고버섯을 찢어 넣어야 합니다. 품질만 좋다면 깨진 표고버섯도 흠 없는 표고버섯과 비교해 국물 맛을 내는 데 아무런 문제가 없습니다. 무인양품은 '질은 좋지만 깨진 표고버섯을 저렴하게 팔겠습니다'라는 제안을 소비자에게 던진 것입니다. 얼핏 이게 뭐 대단한 마케팅이냐고 반문할 수 있습니다. 그러나 무인양품이 처음 문을 연 1980년대 일본을 돌아보면 이야기가 달라집니다.

1980년대는 일본의 거품경제가 극에 달한 시기입니다. 경제적으로 풍요롭던 일본 소비자에게는 '비싼 제품이 좋은 제품'이란 의식이 있었습니다. 따라서 저가 상품을 두고 '싼 게 비지떡'이라 여겼지요. 이런 소비 풍토에 맞게 기업들은 너 나 할 것 없이 고급·고가 전략을 펼쳤습니다. 그런 상황에서 무인양품이 요즘으로 말하면 가성비 전략을 들고 나온 셈입니다.

이 전략은 적중했습니다. 무인양품의 '깨진 표고버섯' 제안은 일본인들이 잊고 있던 실용 정신을 일깨웠습니다. 아무리 당시 사회 분위기가 흥청망청이었다고 해도 일본은 본래 실용성을 중시하는 사회입니다. 어차피 국물을 낼 용도라면 외관이 깨졌더라도 질 좋고 값싼 상품을 기꺼이 구매하려는 소비자들이 무인양품에 열광하게 됩니다.

이유 없이 비싼 제품이 아니라 이유 있게 싼 제품을 판매합니다.

이 제안은 오늘날 무지의 제품 철학으로 자리 잡습니다. 그런데 다들 제품의 과대 포장과 고가 전략을 추구할 때 무인양품은 어떻게 이런 아이디어를 낼 수 있었을까요?

쓰쓰미 세이지 회장은 세이부그룹 창업자의 둘째 아들입니다. 세간에서는 창업자와 첫째 아들 사이가 틀어지면서 둘째 아들인 세이지가 그룹을 물려받을 것으로 예상했습니다. 1964년 창업자가 급사하며 상황이 달라집니다. 회사의 핵심인 부동산과 철도 부문이 셋째 아들인 쓰쓰미 요시아키(堤義明)에게 넘어간 것입니다. 세이지는 당시 이류 백화점으로 불리던 세이부 백화점을 물려받았습니다. 이에 반발한 세이지는 곧바로 동생과 상속을 둘러싼 법정 투쟁에 들어갑니다. 그러나 소송에서 이기기 힘들다는 것을 본인도 알았던 것 같습니다. 어차피 법정 다툼은 변호사들이 할 일. 그는 그 기간에 미국으로 건너가 시어스(Sears)를 방문합니다.

지금은 몰락했지만 시어스는 한때 미국 1위 유통업체였습니다. 유통업을 영위하면서 시어스를 공부하는 것은 벤치마킹 차원에서 너무나 당연했지요. 세이지는 시어스의 이곳저곳을 둘러보다가 우연히 한 사무실을 지나게 됩니다. 그곳에서는 시어스 직원들이 전 세계에서 생산된 카메라 20여 대를 놓고 열띤 토론을 벌이고 있었습니다. 그들이 나누던 대화는 유통업에 대한 세이지의 인식을 뿌리부터 뒤흔들어놓습니다.

"저 카메라는 셔터 속도가 2000분의 1입니다. 그런데 이를 500분의 1로 느리게 해도 전문가를 제외하고는 별 차이를 못 느낍니다."
"그렇다면 성능을 조금 포기하고 대신 가격을 낮추는 게 좋지 않을까요?"

시어스는 유통업체입니다. 유통업체는 제조업체가 공급한 제품에 마진을 붙여 소비자에게 판매하는 것이 업(業)입니다. 그런데 유통업체 직원들이 상품 제조에 관해 이야기한다는 건, 당시로서는 상상하기 힘든 강렬한 경험이었습니다. 세이지는 이를 머릿속에 담은 채 귀국합니다.

절치부심한 끝에 세이부 백화점은 몇 년 만에 명문 백화점의 반열에 올라섭니다. 백화점뿐만 아니라 세이유(양판점), 패밀리마트(편의점) 등 다양한 유통 채널에 진출하며 막강한 유통 그룹으로서 사세를 확장합니다. 그렇게 한숨 돌리고 나니 세이지 머릿속에 미국 출장의 강렬한 기억이 떠올랐습니다.

'소비자의 기호에 맞는 제품을 우리가 직접 생산하면 어떨까?' 이 아이디어가 무인양품의 시작입니다. 처음에는 누구도 무인양품에 큰 기대를 하지 않았다고 합니다. 그런데 기대 이상으로 무인양품이 크게 히트했고, 그 중심에는 일본 소비자의 마음을 꿰뚫어본 '이유 있게 싸다'라는 철학이 있었습니다.

브랜드는 하루아침에 탄생하지 않는다

브랜드 제품은 일반적으로 가격이 비쌉니다. 소비자에게 브랜드를 각인시키려면 홍보와 마케팅에 공을 들여야 합니다. 광고에서 매장 인테리어, 쇼핑백까지 통합된 브랜드 전략을 적용합니다. 작은 포장지 하나도 버리기 아까울 정도로 근사하게 만들기도 합니다. 당연히 그만큼 돈이 듭니다.

무지는 의류에서 화장품, 작은 주택까지 약 7000종의 상품을 판매하면서도 브랜드 일관성을 유지한다. 사진은 무지에서 판매하는 책과 신발, 식료품.

무인양품은 이런 홍보와 마케팅에 드는 비용을 줄이기로 합니다. 불필요한 광고를 하지 않고 제품 포장부터 진열까지 거품을 뺍니다. 대신 상품의 본질에 집중했습니다. 제품 출시 당시의 슬로건인 '이유 있게 싸다'를 다시 한 번 떠올려봅시다. 브랜드 제품이 비싼 이유가 있다면 무인양품은 그 이상의 품질을 보장하면서도 '싼 이유가 있음'을 강조했지요. 이 메시지가 소비자의 공감을 불러일으키면서 처음 40종에 불과했던 무인양품의 품목은 오늘날 7000여 종으로 늘어났습니다.

무인양품은 세이유의 자체 브랜드로 시작했지만 인기에 힘입어 1989년 독립된 회사가 됩니다. 무인양품과 같은 좋은 제품을 꾸준히 만들겠다는 의지를 담아 회사 이름을 양품계획(良品計画)이라고 지었습니다.

양품이란 무엇일까요? 무인양품은 '좋은 제품이란 무엇인지 미리 준비된 정답은 없다. 하지만 스스로 끊임없이 좋은 제품이란 무엇인가라고 묻는다면, 답을 찾을 수 있다'라고 말합니다. 좋은 제품을 만들기 위해 훌륭한 생산 파트너와 좋은 관계를 유지하고, 소비자의 관점에서 좋은 제품의 가치와 매력을 탐구하며 제공해야 한다고 주장하는 것입니다.

여기에 한 가지가 더 있습니다. 무인양품은 상품의 본질에 집중한다는 것을 보여주기 위해 단순함과 간결함을 추구하는 미니멀리즘(minimalism)을 선택했습니다. 이 콘셉트는 40년이 지난 오늘까지 이어지며 이제 무지를 설명하는 하나의 상징이 됐지요. 인기 있는 콘셉트와 트렌드는 시대에 따라, 고객의 니즈에 따라 변화합니다. 그런데 무지는 40년 동안 흔들림 없이 미니멀리즘을 통일된 콘셉트로 고수하고 있습니다.

어떻게 이게 가능한 걸까요? 그 배경에는 무인양품 아트디렉터였던 다나카 잇코(田中一光)가 있습니다. 그는 20세기 일본 최고의 디자이너로 손꼽히는 인물입니다. 1961년 그가 미국에서 발표한 니혼 부요(Nihon Buyo, 日本舞踊) 시리즈는 가부키 같은 일본 전통극에 등장하는 배우의 얼굴을 디자인 요소로 삼아 전 세계를 깜짝 놀라게 했습니다. 이후 쓰쓰미 세이지와 협력하여 세이부 백화점 로고 등 세이부그룹과 관련된 다양한 프로젝트를 진행합니다. 무인양품 아트디렉터를 맡은 것도 그런 인연에서 시작됐습니다.

20여 년의 시간이 흘러 2001년 다나카 잇코는 생이 얼마 남지 않았음을 감지하고, 자신처럼 미니멀리즘을 추구하는 디자이너 하라 겐야(原研哉)에게 무지 아트디렉터 자리를 넘겨줍니다. 다나카가 단순함(單, simplicity)을 추구했다면, 하라는 한걸음 더 나아가 비움(空, emptiness)을 무지에 입힙니다.

이 '비움'의 철학은 볼리비아 우유니 사막 지평선을 배경으로 한 광고에 잘 나타납니다. 화면에 수평선이 그어져 있습니다. 위는 하늘, 아래는 물처럼 보입니다. 그런데 자세히 들여다보면 아래는 물이 아니라 사막입니다. 수평선이 아니라 지평선인 셈이죠. 오른편 아래쪽에 사람 실루엣이 있습니다. 그리고 'MUJI'라

하라 겐야의 무지 광고.

는 알파벳(또는 '無印良品'이라는 한자)이 적혀 있습니다. 이게 다입니다. 그것 말고는 아무런 설명이 없습니다. '완벽함이란 더 이상 보탤 것이 없을 때가 아니라 더 이상 뺄 것이 없을 때 이루어진다'는 생텍쥐페리의 문장이 떠오르는 광고입니다. 무지는 7000개가 넘는 제품이 보여주듯 고객의 필요에 따라 영역의 경계 없이 다양한 제품을 내놓습니다. 그러나 처음 브랜드를 만들때부터 고수해온 본질을 미니멀리즘에 담아 지켜가고 있습니다.

무지는 다나카 잇코에서 하라 겐야로 이어지며 콘셉트 일관성을 유지하는 데 노력했고 멋지게 성공했습니다. 브랜드 전략에서 일관성은 기본 중 기본이지만 지키기 어렵습니다. 브랜드 구축의 명가인 P&G(Procter & Gamble)의 대표적인 의류세제 타이드(Tide)는 1956년 이래 무려 70번 이상의 제품 개량이 있었지만 '다른 어떤 세제보다 깨끗이'라는 초기의 브랜드 콘셉트에는 큰 변화를 주지 않았습니다. P&G의 이런 브랜드 전략은 세 가지 단어로 설명됩니다. 업계에서는 이를 3C라고 하는데, 바로 '일관성(consistency), 일관성(consistency), 일관성(consistency)'입니다.

훌륭한 브랜드는 하루 아침에 탄생하지 않습니다. 무지도 40년 가까이 된 브랜드입니다. 자신들의 철학을 분명히 하고, 시간이 흘러 고루해지기보다는 시간이 흘러도 불멸할 콘셉트에 그 철학을 담아 꾸준히 갈고닦는 것. 이것이 명품 브랜드를 만드는 전략입니다. 무지는 이를 제대로 보여줍니다.

브랜드 일관성과 확장

세이유 자체 브랜드로 출발한 무인양품은 3년 만에 무인양품 제품만을 판매하는 전용매장을 엽니다. 지금도 도쿄에 가면 무인양품 1호점을 만날 수 있습니다. 도쿄 오모테산도(表參道)역 B2 출구로 나와서 30초쯤 걸으면 오른쪽에 다이슨(Dyson) 매장이 나옵니다. 그만큼 더 걸으면 오른쪽에 파운드 무지(Found Muji)라는 조그마한 2층짜리 점포가 보입니다. 이곳이 1983년 세워진 무인양품 1호점입니다. 매장 크기는 30평 정도에 불과하지만 무지 마니아들에게는 '성지'로 통하는 곳입니다.

이곳은 다른 무지 매장과 다른 점이 하나 있습니다. 무지와 같은 철학을 지닌 다른 나라 기업의 제품을 발굴해 판매한다는

無印良品の小屋
1,749,900円
1,250,100円
計 3,000,000円

무지에서는 소형 주택도 살 수 있다.

점입니다. 여기서 다른 나라란 무지가 진출한 국가를 말합니다. 그 국가의 무지 직원들에게 제품 발굴을 맡깁니다. 무지의 경영 철학을 현지 직원에게 이해시키면서, 동시에 일본에서는 찾아내기 힘든 제품을 현지 직원이 발굴하는 일석이조 효과를 노린 전략이지요. 우리나라 상품으로는 놋쇠로 만든 주전자와 막걸리잔이 전시되어 있습니다. 겨우 이것뿐인가 하는 아쉬움도 있지만 그래도 이런 노력을 한다는 점은 높이 살 만합니다.

　무지의 인기를 설명할 때 무지러(Mujirer)를 빼놓을 수 없습니다. 애플 제품만 사용하는 사람을 속칭 '애플빠'라고 하지요. 이와 비슷하게 무지 제품만으로 생활하는 사람을 '무지러'라고 합니다. 일본에서는《저는 무지 제품만으로 살고 있습니다》라는 책이 출간됐을 정도입니다. 정말 무지 제품만으로 생활이 가능할까요? 일본에서는 가능합니다. 옥수수 등 1차 농산품부터 치킨카레 등 가공식품은 물론, 무지 카페와 식당, 호텔도 있습니다. 심지어 작은 규모의 집도 팔고 있습니다. 2000년대 초반에는 차도 팔았습니다.

이번에 선보인 무지 긴자점은 의식주 가운데 상대적으로 약한 카테고리였던 '식(식당)'과 '주(호텔)'를 강조한 점에서 '라이프스타일 제안'을 본격적으로 하려는 움직임이 엿보입니다.

매장을 천천히 둘러보며 무지 특유의 단순함과 비움의 철학을 느껴보기 바랍니다. 그리고 그 콘셉트가 어떻게 의식주 모든 제품에 구현되는지 살펴보기 바랍니다. 브랜드 일관성이라는 면에서 무지는 가장 좋은 현장 교과서입니다.

무지의 전체 콘셉트를 이해하려면 모든 것이 모여 있는 무지 긴자점을 방문해볼 것을 추천합니다. 어렵지 않게 찾아갈 수 있습니다. 긴자역 A9 출구로 나갑니다. 바로 앞에 와코(Wako, 和光) 백화점이 있습니다. 와코 백화점을 왼편에 두고 직진합니다. 한 블록 가면 애플 매장이 보입니다. 여기서 좌회전한 후 작은 네거리를 두 번 지나, 세 번째 네거리에서 우회전하면 바로 무지 긴자점입니다.

무지 긴자점

Muji 銀座
東京都中央区銀座3丁目3-5

파운드 무지 아오야마점

Found Muji 青山
東京都渋谷区神宮前5丁目50-6

10

트렁크 스토어

포지셔닝의 대명사

#포지셔닝   #북적북적_호텔_로비   #노지리_요시타카

마케터의 필독서 《포지셔닝(*Positioning*)》. 이 책의 출발은 50년 전으로 거슬러 올라갑니다. '포지셔닝'이라는 아이디어는 1972년 광고 마케팅 전문지 《애드버타이징 에이지(*Advetising Age*)》에 처음 등장했습니다. 이후 한 권의 책으로 묶여 1980년 초판이 출간됐고 2001년 개정판이 나왔습니다. 오래되어 수명이 다하면 '올드'입니다. 오래되어도 여전히 살아 있으면 '클래식'입니다. 이 책은 그야말로 마케팅의 고전 반열에 올랐습니다.

일등이 되는 카테고리를 만들라

《포지셔닝》에는 책의 아이디어를 하나의 콘셉트로 표현한 부분이 있습니다. 바로 '세 대의 비행기' 그림입니다.

첫 번째 비행기에는 린드버그(Lindbergh)라고 쓰여 있습니다. '대서양을 횡단한 최초의 비행사'이지요. 두 번째 비행기와 세 번째 비행기에는 각각 힌클러(Hinkler)와 에어하트(Earhart)라고 쓰여 있네요. 각각 두 번째, 세 번째로 횡단한 비행사입니다. 일등만 기억하고 이등은 기억하지 못한다는 것을 강조하기 위해서일까요? 그런데 왜 삼등인 에어하트까지 써놓았을까요?

The Law of
the Category

**If you can't be first in a category,
set up a new category you can be first in.**

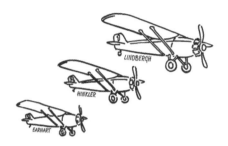

"당신이 첫 번째가 될 수 있는 새로운 카테고리를 만들어라." 에어하트는 '대서양을 횡단한 세 번째 비행사'가 아니라 '대서양을 횡단한 최초의 여성 비행사'로 포지셔닝됐다.

여기에 저자의 탁월함이 담겨 있습니다. 우리에게 잘 알려져 있지 않지만 미국인들은 린드버그 못지않게 에어하트를 기억합니다. 일등만 기억하는 더러운 세상에서 어떻게 삼등의 이름까지 알고 있을까요? 에어하트는 대서양을 횡단한 세 번째 비행사가 아닌, 대서양을 횡단한 '최초의 여성 비행사'이기 때문입니다. 그 일대기를 다룬 영화가 제작될 정도로 미국에서는 유명인사입니다.

스티브 잡스와 애플을 상징하는 광고 카피, '다르게 생각하라(Think Different)'. 1997년 스티브 잡스가 애플로 복귀한 뒤, 열정이 모두 식어버린 내부 임직원에게 보낸 메시지입니다. 그는 이

메시지와 함께 '세상을 바꾼 이들은 모두 미친 사람들'이라며 피카소, 아인슈타인, 간디 등을 소개했는데 그중 한 명이 에어하트입니다. 이 정도면 당연히 유명인사 아니겠습니까? "당신이 속한 카테고리에서 당신의 제품이나 서비스가 일등이 아니라면(세 번째 비행사), 일등이 되는 카테고리를 만들어라(최초의 여성 비행사)." 이것이 《포지셔닝》의 핵심 메시지입니다.

소셜라이징 + 사회공헌

2020년 올림픽 개최지 도쿄는 글로벌 호텔의 각축장입니다. 각자 최초라는 카테고리를 만들기 위해 고군분투하고 있습니다. 1988년 푸켓에 아만푸리(Amanpuri) 호텔을 세워 초호화(ultra-luxury) 호텔의 역사를 새로 쓴 아만(Aman)그룹은 '세계 최초의 도심형 풀 빌라'라는 콘셉트로 고객을 유혹합니다. 하얏트(Hyatt)그룹이 새로 개발한 라이프스타일 지향 호텔 브랜드 안다즈(Andaz)도 '파크 하얏트가 럭셔리라면 안다즈는 라이프스타일'이라는 알 듯 모를 듯한 설명으로 호기심을 자극합니다. 교토와 가루이자와에서 환상적인 료칸(旅館)을 운영하는 호시노야(Hoshinoya)는 '최초의 도심형 노천 온천'을 강조하며 도쿄 도심 한복판에 료칸형 호텔을 개장했습니다. 만다린 오리엔탈, 페닌슐라 등 전 세계에서 내로라하는 호텔이 다 들어선 도쿄지만 새로운 콘셉트라는 측면에선 아만, 안다즈, 호시노야가 당분간 우위를 유지할 듯합니다.

트렁크 호텔은 로비와 전면부가 개방되어 있어 숙박객이 아니더라도 편안하게 이용할 수 있다.

　　호텔에서 새롭다는 것이 고급화만을 말하지는 않을 겁니다. 가성비가 중시되는 시대에 비즈니스호텔이라면 어떤 콘셉트가 가능할까요? 잠자는 것 이외에 다른 모든 서비스를 생략하고 객실에만 집중하는 콘셉트는 어떨까요? 그런데 도쿄 한복판에 새로운 포지셔닝으로 허를 찔른 호텔이 등장했습니다. 다들 고급화 경쟁을 하는 도쿄에서 '최초의 소셜라이징(socilaizng)'이라는 흥미로운 콘셉트를 들고 나온 트렁크 호텔(Trunk Hotel)입니다.

　　트렁크 호텔은 2017년 5월 시부야에 문을 열었습니다. 트렁크 호텔이 말하는 소셜라이징은 '사회공헌'이라는 단어로 풀어 쓸 수 있습니다. 호텔업을 하면서 사회공헌을 하겠다는 말이죠. 개념만으로는 잘 이해되지 않지만, 트렁크 호텔을 직접 방문하면 그들이 생각한 포지셔닝이 곧바로 와닿습니다.

북적북적 호텔 로비의 비밀

사람을 만날 일이 있어 호텔에 갑니다. 호텔 커피숍에 앉기에는 금액이 만만치 않습니다. 로비에 앉아 얘기하자니, 팬시리 호텔 직원의 눈길이 나를 향하는 것 같아 뒤통수가 가렵습니다. 저만의 경험은 아닐 것입니다.

그런데 트렁크 호텔은 낯선 이의 방문을 환영합니다. 숙박객이 아니더라도 무료 와이파이를 제공합니다. 오히려 부담 갖지 말고 로비에서 비즈니스 미팅을 하도록 권합니다. 물론 인근 주민의 방문도 얼마든지 가능하고요.

로비 라운지를 찬찬히 살펴보면 테이블이나 벽에 폐자재를 활용한 흔적이 보입니다. 로비의 커피숍에서 사용하는 찻잔은 상처 난 그릇을 회수해 분쇄한 뒤 재탄생시킨 것이라고 하네요. 이뿐 아닙니다. 객실을 잠시 살펴봅시다. 객실에 비치된 제품은 장애인과 디자이너가 협력해 생산한 것들입니다. 장애인 보호를 넘어 장애인이 함께 살아갈 수 있는 사회를 꿈꾸는 것입니다. 식사는 로컬 푸드 중심의 식자재를 활용해 건강식을 제공합니다. 숙박시설이 할 수 있는 사회공헌의 종합 선물세트를 보는 느낌입니다.

트렁크 호텔은 환경(environment), 지역 우선주의(local first), 다양성(diversity), 건강(health), 문화(culture)라는 다섯 카테고리에 주력하며 '스스로 할 수 있는 범위 내에서 자연스럽게 사회에 공헌하는' 호텔을 추구합니다. 대부분의 호텔이 고급화 경쟁에 매진하는 동안, '다른' 관점에서 호텔업을 바로 보며 '최초'를 지향하는 호텔. 포지셔닝 관점에서도 눈여겨볼 만합니다.

이런 곳에서 일하는 직원의 만족도는 어떨까요? 2017년 가을, 트렁크 호텔 직원과 잠시 이야기를 나눴습니다. 궁금한 점 몇 가지를 물어보려 했는데, 그 직원은 신이 나서 호텔 자랑을 늘어놓더군요. 제품을 누가 만들어 공급하고, 회사 철학은 어떻고…… 짧은 대화는 인터뷰로 변해버렸습니다. '홍보부서 직원도 아닌 일반 직원이 회사 자랑을 하고 다닌다', 이건 모든 사장의 꿈 아니겠습니까? 그때 트렁크 호텔이 지향하는 철학이 겉모습에만 있지 않음을 깊이 이해하게 됐습니다.

브랜딩의 출발점: 직원이 먼저다

브랜드가 성공하고 이 성공이 지속되려면, 먼저 내부 구성원과 철학을 공유하고 이를 내재화해야 합니다. 길을 가다가 자신이 다니는 회사의 간판을 보고 감격하는 사원이 있어야 그 회사가 성공한다는 이야기도 있습니다. 사원의 감동이 고객의 감동으로 연결된다는 뜻이지요. 트렁크 호텔은 그런 점에서 이를 실

현한 곳입니다. 호텔의 미션, 비전, 기업문화를 좋아하는 사람들이 입사해 인사를 관리하고, 코딩하고, 재무를 하는 거죠. 이게 바로 내부 브랜딩의 힘입니다.

이 호텔을 창업한 사람은 노지리 요시타카(野尻佳孝)입니다. 1972년생인 그는 예식업으로 출발해 지금은 역사적 가치가 있는 건물의 복원과 재생, 리조트 결혼식 기획 및 운영, 신혼여행 및 기념여행 상품 기획과 판매, 결혼 관련 융자, 보육원 운영, 호텔업까지 다양한 사업을 하고 있습니다.

노지리 회장은 메이지대학 정경학부를 졸업하고 스미토모 해상화재(住友海上火災)에서 사회생활을 시작했습니다. 하는 일은 보험업이었지만 그는 끊임없이 '세상에서 가장 안정적인 비즈니스가 무엇일지' 고민했다고 합니다. 그리고 그것을 '관혼상제 관련업'이라 결론 내립니다. 4차 산업혁명이다 뭐다 해도 관혼상제에 관한 비즈니스는 인류가 망할 때까지 지속 가능할 것으로 본 것이죠. 그는 3년 만에 회사를 그만두고, 3개월간 웨딩 프로듀싱업계에서 일하며 현장 경험을 쌓았습니다. 그러고는 본격적으로 예식업에 뛰어들어 신혼여행, 숙박, 육아 등으로 사업을 넓혀나갔습니다. 트렁크 호텔은 이런 맥락에서 탄생한 곳입니다.

"비품을 사세요"

호텔 로비와 객실을 살펴보는 것만으로 공부가 되지만, 더 눈길이 간 곳은 트렁크 스토어(Trunk Store)라는 호텔에 딸린 조그마한 상점이었습니다. 매장 크기는 30제곱미터인데 우리나라 편의점의 평균 크기가 73제곱미터이니, 채 절반도 안 되는 셈입니다.

그런데 일반 편의점과는 아이템 구성이 조금 다릅니다. 칫솔, 샴푸, 린스, 수건, 슬리퍼 등 호텔 용품이 꽤 많이 눈에 띕니다. 아니나 다를까, 제품마다 호텔 로고가 붙어 있습니다. 그렇습니다, 호텔 객실 내에 비치된 물품을 '유료'로 판매하고 있는 것입니다.

앞서 밝혔듯 트렁크 호텔에서 제공하는 제품은 장애인이 만듭니다. 품질은 디자이너와의 협업을 통해 보장합니다. 고객은 단순히 객실에서 써보고 제품이 좋아 구입하는 것을 넘어 제품 구입만으로 사회에 공헌한다는 자부심까지 얻을 수 있습니다. 이런 기회(!)를 제공하는 곳이 바로 트렁크 스토어입니다.

트렁크 호텔은 내부 브랜딩뿐만 아니라 호텔 로비에서부터 객실, 비품, 스토어 등을 통해 외부 브랜딩을 지속적으로 하고 있습니다. 트렁크 호텔을 자랑스러워하는 고객이라면 이곳 로고가 그려진 제품을 구매하겠지요. 저도 칫솔 세트를 하나 구매했습니다.

트렁크 호텔의 사회공헌 부문 다섯 가지는 스토어의 운영 철학에도 그대로 녹아 있습니다. 먼저 환경. 이곳에선 재활용 면으로 만든 티셔츠를 판매합니다. 일반적으로는 의류 생산단계에서 균질성이 떨어지는 실을 버립니다. 옷을 만들고 남은 면 조각도 폐기합니다. 그런데 트렁크 호텔은 이를 재활용한 티셔츠를 판매합니다. 실 자체가 울퉁불퉁해서 '구제 옷' 느낌이 납니다. 남다른 패션을 추구하는 층이 이런 느낌의 옷에 열광합니다. 재활용 가방으로 유명한 프라이탁(Freitag)을 떠올리면 됩니다.

다음으로 지역 우선주의. 매장에 판매하는 제품은 자국산만 취급합니다. 더 좁게는 도쿄제, 더욱더 좁게는 시부야제를 지향합니다. 지역에서 생산한 제품을 지역에서 소비한다는 지산지소(地産地消) 정신을 반영하고 있습니다. 여기서 판매하는 커피 또한 시부야의 오랜 바리스타 카페의 노하우를 접목한 것입니다.

세 번째로 다양성. 초코라보(Choco Labo)라는 사회공동법인이 있습니다. 자폐증 장애인과 비장애인이 전문가로부터 초콜릿 만

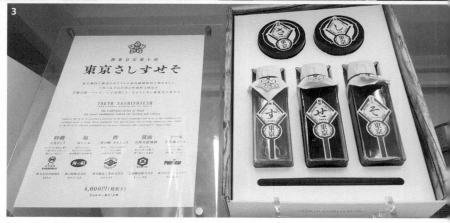

우리나라의 편의점보다 작은 규모의 트렁크 스토어. 그냥 지나치기 쉽지만, 그 안에 담긴 철학은 시사하는 바가 크다.

1 트렁크 스토어 입구.

2 호텔 비품뿐만 아니라 지역 생산물을 활용한 가공품을 판매한다.

3~4 환경, 지역 우선주의, 다양성, 건강을 모토로 제작된 자체 상품들.

드는 기술을 지도받아 제품을 생산하는 법인입니다. 트렁크 스토어의 초콜릿은 초코라보 제품입니다. 이처럼 사회공동법인과의 상품 개발에 적극 협력합니다.

네 번째로 건강. 트렁크 스토어의 상품은 친환경 제품 위주로 구성되어 있습니다. 예를 들어 샴푸는 인증받은 친환경 오가닉 제품만 판매합니다.

마지막으로 문화. 환경, 지역 우선주의, 다양성, 건강. 이 모든 것이 어우러져 트렁크만의 독특한 문화를 형성합니다.

트렁크 호텔과 트렁크 스토어는 소셜라이징이라는 그들만의 콘셉트를 구축해 포지셔닝에 성공했습니다. '당신이 속한 카테고리(호텔, 스토어)에서 당신의 제품이나 서비스가 일등이 아니라면(소규모 호텔, 스토어), 일등이 되는 카테고리(최초의 소셜라이징)를 만들라'는 포지셔닝 핵심 메시지를 충실히 이행한 셈입니다.

누구나 전체에서 일등을 하기는 힘듭니다. 최초는 더더욱 그렇습니다. 그렇다면 트렁크 스토어처럼 발상을 바꿔보면 어떨까요? 최초가 될 수 있도록 나의 업을 재정의하는 겁니다. 버리고, 좁혀서 최초의 분야를 만드는 것이죠. 그리고 그곳을 깊이 팝니다. 확장은 그다음에 하면 됩니다. 남들이 좋다는 시장, 인기 있다는 분야에 후발주자로 들어가 봐야 선발주자만 좋은 일일 뿐임을 명심합시다.

메이지진구마에(明治神宮前)역 4번 출구를 빠져나오면 언덕길이 보입니다. 하라주쿠(原宿)역을 등 뒤로 하고 서면 발끝이 내리막을 향합니다. 그 방향으로 바로 큰 네거리가 나오죠? 그럼 맞는 방향입니다. 네거리를 지나 1~2분 걸으면 오른편에 키디랜드(Kiddy Land)가 보입니다. 여길 지나자마자 우회전하면 작은 길이 나옵니다. 그 방향으로 쭉 큰길까지 걷습니다. 5분쯤 걸으면 오른편에 파타고니아 매장이 나옵니다. 여길 지나 네거리에서 좌회전하면 오르막길 왼편에 트렁크 호텔이 보입니다. 대로변에 있지 않으니 찾기가 조금 어렵습니다. 그러나 트렁크 호텔 주변은 언제나 북적이니 금세 찾을 수 있을 겁니다.

트렁크 호텔
Trunk Hotel
東京都渋谷区神宮前5丁目31

11

긴다이 수산
참치가 졸업하는 날

#마케팅_종합_선물세트　　　　#대학_나온_참치　　　　#세코_고이치

제2차 세계대전 패전 후 일본은 제국주의 시대에 침탈한 영토 대부분을 잃었습니다. 원래의 4개 섬을 제외한 어느 땅도 일본의 영토로 인정받지 못합니다. 우리나라는 36년간의 강점을 끝내고 독립합니다. 만주와 대만은 중국으로 귀속됩니다. 괌은 미국으로, 캄보디아를 비롯한 인도차이나 쪽은 프랑스로 되돌아갑니다. 구소련은 사할린을 비롯한 북방 4개 섬을 할양받습니다. 한때 대동아공영권을 내세우며 제국주의를 좇던 일본과 일본인들에게는 실로 엄청난 충격이었습니다.

국가의 범위에는 영토만 있는 것이 아닙니다. 영해도 있습니다. 영해는 영토를 기준으로 정해지기 때문에 제2차 세계대전 후 일본의 영해 또한 극적으로 줄어듭니다. 이는 곧 어획량의 감소를 뜻합니다. 전쟁 전 일본의 어획량은 대략 540만 톤에 달했는데, 전쟁 후에는 전성기의 36퍼센트 수준으로 떨어집니다. 쉽게 말해 사흘에 한 번씩 생선을 먹다 이제는 열흘에 한 번씩밖에 먹지 못한다는 이야기입니다. 가격도 그만큼 올랐겠지요. 메이지유신 이후에나 육고기를 먹기 시작한 일본인에게 생선이 귀해졌다는 것은 그만큼 살림살이가 팍팍해졌다는 의미였습니다.

이때부터 일본인들은 물고기를 기르는 데 눈을 돌립니다. 수렵사회에서 농경사회로 전환하듯 물고기 조달방식을 '채취'에서 '양식'으로 바꾸는 대전환을 맞이한 것이죠.

바다를 경작하자

1948년 '바다를 경작하자'는 꿈을 제시하는 사람이 등장합니다. 교육자이자 정치가인 세코 고이치(世耕弘一)입니다. 농부의 아들로 태어난 그는 목재상의 점원으로 일하다가 고학으로 니혼대학 법학부에 들어갑니다. 베를린으로 유학을 다녀온 뒤 대학교수와 중의원을 겸임합니다. 긴키대학 초대 총장을 맡은 후에는 '바다를 경작하자'라는 모토를 내걸고 대학 안에 수산연구소를 설립합니다. 꿈만큼 강력한 동기부여는 없습니다. 작가 생텍쥐페리가 이런 말을 했다지요. "배를 만들게 하려면 배 만드는 법을 가르치려 하지 말고 바다를 동경하게 만들어라. 그 동경이 스스로 배를 만들게 할 것이다." 고이치는 바다를 경작하겠다는 열망을 일본인들에게 불러일으킵니다.

처음 시도한 양식 어종은 방어입니다. 지금은 익숙하지만 당시에는 바닷물고기를 양식한다는 것은 상상도 못 했습니다. 수많은 시행착오 끝에 우리에게도 익숙한 '가두리 그물 방식'이 탄생합니다.

경험이 쌓이자 1970년대부터는 참치 양식에 도전합니다. 참

'바다를 경작하자'는 모토를 내건 긴키대학 수산연구소는 세계 최초로 참치 양식에 성공한다.
▲ 긴키대학 수산연구소의 참치 양식장. ▼ 긴키대학 초대 총장이자 긴다이 수산의 모태가 된
수산연구소를 설립한 세코 고이치.

치는 양식이 매우 어려운 어종입니다. 빛과 같은 외부 자극에 민감하고 활동반경도 다른 어종에 비해 매우 넓습니다. 반면 살이 약해서 좁은 수조에 기르면 서로 충돌해 죽는 경우도 다반사입니다. 치어 생존율도 2~3퍼센트에 불과했습니다. 다들 참치만은 양식이 불가능하다고 했습니다.

그러나 긴키대학 수산연구소는 달랐습니다. 끝까지 도전했습니다. 대학 부속기관이다 보니 연구비가 항상 부족했습니다. 부족한 비용은 양식 넙치와 방어를 직접 팔아 충당했습니다. 다른 대학 교수들이 "연구자가 아니라 장사치"라고 비난했지만 아랑곳하지 않았습니다. '바다 경작'이라는 꿈을 위해서라면 무엇이든 할 각오가 서 있었기 때문입니다. 그리고 온갖 시행착오를 거쳐 치어 생존율을 35퍼센트로 끌어 올리는 데 성공합니다. 드디어 대량 양식의 길이 열린 겁니다. 2002년 마침내 세계 최초로 참치 완전 양식, 그중에서도 참다랑어 완전 양식이 이루어집니다.

왜 참다랑어일까요? 참치로 분류되는 생선은 참다랑어, 눈다랑어, 황다랑어, 가다랑어, 날개다랑어, 황새치, 청새치, 백새치 등 여럿입니다. 그중 참다랑어는 참치 어종의 1.4퍼센트에 불과해 '바다의 다이아몬드'로 불립니다. 일본에서는 혼마구로(本鮪) 또는 구로마구로(黑鮪), 서양에서는 블루핀 튜나(blue-fin tuna)라 부르는 고급종입니다. 2019년 도요스 시장(豊洲市場)의 첫 개장일에 참다랑어 278킬로그램 한 마리가 3억 3360만 엔에 낙찰

되기도 했습니다. 참치 한 마리에 35억 원이라면 어떤 기분인가요? 1킬로그램당 1260만 원인 셈입니다.

자연산 참치가 비싼 것은 알겠는데 양식이 질적으로 떨어지는 것 아닐까요? 이에 대해 긴키대학 수산연구소는 이렇게 답합니다. 육고기나 채소는 양식을 선호하지 않느냐고요. 우리가 먹는 돼지고기, 소고기는 방목한 것일수록 비싸게 거래됩니다. 하지만 방목한 돼지, 방목한 소를 원하는 것이지, 멧돼지나 들소를 원하는 것은 아닙니다. 채소도 기른 채소를 먹는 것이 안전합니다. 산에서 자라는 야생초를 먹었다가는 심한 배탈이 날 수도 있습니다.

긴키대학 수산연구소는 '모든 생선의 양식화'를 꿈꿉니다. 사실 식품 안전 측면에서 보면 자연산보다 양식이 좋습니다. 자연계 먹이사슬의 최상단에 있는 참치류는 메틸수은이 축적되기 쉽습니다. 반면 양식이라면 그 위험도가 낮아집니다. 언제 어떻게 자라서, 먹이로 무엇을 먹었는지 파악할 수 있는 생산이력 추적가능성(tracability)이 훨씬 높기 때문입니다.

대학 나온 참치

2013년 오사카와 도쿄에서 긴키대학 수산연구소(近畿大学 水産研究所)라는 이름의 음식점이 문을 열었습니다(긴키대학 내에 있는 수산연구소와 이름이 같은데, 편의상 음식점은 '긴다이 수산近大水産'이라 부르겠습니다). 음식점 이름에 '연구소'라는 말이 들어간 사실

'긴키대학 수산연구소'라는 독특한 이름으로 처음 문을 연 오사카점.

부터 참신합니다. 이곳은 긴다이 수산에서 기른 긴다이 마구로 등 양식어가 핵심 메뉴입니다. 그 밖에도 긴다이 수산이 위치한 와카야마현의 협력을 얻어, 와카야마의 제철 식재료를 활용한 먹거리가 준비됩니다.

점포 개발과 운영은 다양한 음식 비즈니스 노하우를 지닌 산토리(Suntory)그룹이 파트너로 함께합니다. 대학에서 연구한 성과를, 그것도 보고서가 아닌 실제 결과물(양식어)을 가지고 기업과 협력해 전문식당을 꾸민 것은 일본에서도 최초입니다.

긴키대학도 종합적으로 지원했습니다. 대학에는 수산연구소만 있는 것이 아니라 관련 학과도 존재합니다. 식당 메뉴는 농학부 식품영양학과에서 만들었습니다. 맛도 중요하지만 균형 잡힌 영양소도 중요하니까요. 한편 같은 음식도 어떤 그릇에 담느냐에 따라 수준이 달라집니다. 요리를 담는 접시는 문예학부 예술학과에서 만들었습니다. 아르바이트생은 긴키대학 학생들인데 가게 명찰과 함께 '긴키대학 ○○학부 ○○학과'라는 명찰을 부착합니다. 대학의 연구력과 명예를 모두 걸고 시작한 사업임을 알 수 있습니다.

이런 식당을 어떻게 차별화해 알릴 수 있을까요? 주 메뉴는 수산연구소에서 양식한 참치니까 '수산연구소에서 양식한 참치', 밋밋합니다. '긴키대학에서 양식한 참치', 살짝 눈길은 가지만 딱 그 정도입니다.

'긴키대학을 졸업한 참치', 호기심과 관심이 급상승합니다. 만일 '서울대를 졸업한 참치'라면 사람들이 어떤 반응을 보일까요? 일단 무슨 말인지 살펴볼 것입니다. 같은 맥락으로 참치가 긴키대학을 졸업했다고 하니 대중의 관심이 모입니다. 좋은 카피는 눈길을 끌되, 소비자의 기분을 상하지 않게 해야 합니다. 그런 관점에서 매우 잘 만든 문구입니다.

그뿐이 아닙니다. 긴다이 수산에는 마케팅의 모든 공식이 적절히 녹아 있습니다.

2019년 4월 도쿄 긴자 매장을 방문했습니다. 가게 면적은 190제곱미터, 57석 규모입니다. 입구에는 식당 로고가 그려져 있습니다. 가운데가 다이아몬드 모양인데, 자세히 살펴보니 물고기를 뜻하는 '魚' 자와 비슷한 형태를 띱니다. 아, 그러고 보니 혼마구로, 구로마구로는 워낙 귀해서 '바다의 다이아몬드'라고 불립니다! 이를 염두에 두고 디자인한 것이죠. 세스 고딘은 말합니다. "추상적인 단어보다는 구체적인 단어를 써야 한다." '리마커블'보다 '퍼플 카우'라는 말이 구체적인 것처럼요. 그런데 구체적인 단어보다 더 강력한 힘을 발휘하는 것이 '상징'입니다. 이 식당의 로고는 '魚'라는 한자를 다이아몬드 형태로 변형해서 만들었습니다.

메뉴 가운데 마구로회 여섯 점 세트를 시켰습니다. 생선회가 인당 여섯 점인 메뉴입니다. 종업원이 주문한 음식을 테이블에 놓은 뒤 설명합니다.

"이 마구로는 네 살 된 수컷입니다. 신장 139센티미터, 체중은 54킬로그램입니다. 사흘 전에 졸업했습니다."

양식한 지 4년 차 된 수컷인데 사흘 전에 잡았다는 말입니다. 수컷과 암컷 중 어느 쪽이 더 맛있는지 궁금했습니다. 각각 특징이 있다는군요. 다만 암컷이 좀 더 기름지고 귀해서 가격이 높다고 합니다. 회가 담겨 나오는 접시에는 명함 크기의 졸업증서가 꽂혀 있었습니다. 참치는 두 점이고 나머지 네 점은 양식장에서 기르는 다른 물고기입니다. 이 또한 맛이 괜찮습니다. 양식 참치부터 졸업한 참치, 참치 졸업장까지 고객으로서는 모든 것이 '최

1 긴다이 수산 긴자점.

2 참치회를 주문하면 참치의 이력을 인증하는
  졸업증서가 함께 제공된다.

3 우리나라 말로 표기된 메뉴판.

초의 경험'입니다.

　매장 내 대형 텔레비전 화면에선 참치를 비롯해 다양한 물고기가 힘차게 헤엄치는 모습을 보여줍니다. 모두 양식장을 수중 촬영한 장면입니다. 힘차게 돌아다니니 아주 건강한 생선을 먹는 느낌이 듭니다. '이 식당 생선은 저 화면의 물고기처럼 싱싱할 것이다'라고 고객의 뇌에 속삭입니다. 바로 지각 품질(perceived quality)입니다. 마케터 입장에서는 맛있는 참치와 함께 마케팅 종합 선물세트를 맛볼 수 있는 공간입니다.

긴자선 긴자역 C3 출구로 나옵니다. 도큐 플라자(Tokyu Plaza) 긴자점입니다. 한 바퀴 둘러보면 주변에 공원이 있습니다. 긴자 소니 파크(Ginza Sony Park)입니다. 이곳을 왼편에 두고 섭니다. 그러고는 직진합니다. 첫 네거리에서 우회전해 길을 따라 쭉 갑니다. 고가도로가 나타나면 10시 방향을 찬찬히 살펴봅니다. 2층에 긴다이 수산 매장이 있습니다.

긴키대학 수산연구소 긴자점

近畿大学 水産研究所 銀座
東京都中央区銀座6-2 東京高速道路山下ビル 2F

12

카페 스타일로
물건에서 공간으로

#지갑_말고_시간　　　　#긴자에서_가장_비싼_상추　　　　#이토_아키라

긴자 한복판에 12층짜리 건물이 있습니다. 그 건물 꼭대기 층에 펜촉을 상징으로 하는 카페가 있습니다. 급행 엘리베이터를 타고 올라가 봅니다. 카페라지만 요깃거리도 판매합니다.

햄버거, 샌드위치, 샐러드부터 데리야키 치킨이나 생선요리, 스테이크도 있습니다. 밥이나 면이 없다는 점은 아쉽지만 차와 커피는 물론, 간단한 식사까지 제공하는 공간으로 손색없습니다. 좌석도 상대적으로 널찍해서 옆 테이블 손님과 목소리가 섞이지 않습니다. 위치가 위치인지라 가격대는 만만치 않습니다. 생맥주는 750엔, 샐러드는 1600엔. 가격대가 좀 높다고 직원들에게 말하니 "여기는 긴자라서 그렇습니다"라고 웃으며 답합니다. 이곳은 줄 서서 기다리지 않아도 된다는 장점까지 친절하게 덧붙여 설명해줍니다.

줄 서기 싫어하는 고객이라면 조금 비싸도 찾아오는 곳. 가격 저항력이 크지 않은 고객을 타깃으로 하는 카페란 의미겠지요. 지금까지 소개한 카페는 문구점으로 유명한 이토야(伊東屋)에서 운영하는 카페 스타일로(Cafe Stylo)입니다.

추억을 파는 문구점

문구점이 왜 카페를 운영할까요? 시계를 20세기 초반으로 돌려보겠습니다.

이토야는 1904년 'Stationery(문방구)'라는 간판을 내걸고 긴자에 문을 연 115년 전통의 문구점입니다. '한발 앞선 새로운 가치'를 지향해온 이토야는 유통업체가 고유의 브랜드를 만든다는 개념이 드물던 1987년부터 '레드 클립'을 브랜드 심벌로 삼아 오리지널 상품을 개발할 만큼 마케팅 감각이 뛰어났습니다. 문구라면 사족을 못 쓰는 저도 도쿄에 갈 일이 있으면 꾸준히 들르는 곳입니다. 문구에 관한 한 전 세계에서 가장 '힙'한 제품이 모여 있는 곳이었거든요.

그런 이토야가 2015년 6월 리뉴얼을 단행합니다. 리뉴얼 콘셉트는 '물건을 파는 점포'에서 '체험하는 점포'로의 변신입니다. 도대체 무슨 말일까요? 매장에 한번 들어가 보겠습니다.

리뉴얼한 점포는 G.이토야(G.Itoya)라고 부릅니다. G는 긴자를 뜻합니다. 리뉴얼한 점포 뒤편에 K.이토야(K.Itoya) 점포가 있습니다. 이곳은 2012년 오픈했는데, K는 창업자인 이토 가쓰타로(伊東勝太郎)의 이름 이니셜에서 따왔다고 합니다.

G.이토야에 들어섭니다. 1층에는 음료를 판매하는 바, 생일카드 등 각종 축하카드를 파는 공간입니다. 2층으로 가봅니다. 이곳에는 예쁜 편지지가 진열되어 있습니다. 공간 이름은 '셰어(Share)'입니다. 그리운 사람과 아날로그 감성을 나누라는 뜻입

1904년 문을 연 이토야는 긴자에서만 115년을 버텨왔다. ▲ 초창기 이토야 매장 모형.
▼ 지금의 이토야 매장.

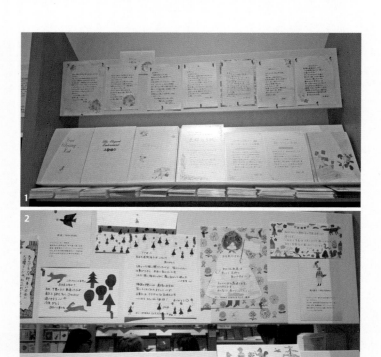

G.이토야 2층 셰어(Share) 매장. 엽서와 편지지를 판매함으로써 고객이 추억을 회상하고 나눌(Share) 수 있도록 유도하고 있다.

1~2 진열대에 전시되어 있는 손으로 쓴 편지와 엽서 예시.

3 편지와 엽서를 그 자리에서 부칠 수 있도록 마련된 우체통.

니다. 편지지가 진열된 공간 위편에는 예쁜 글씨가 가득한 손편지의 예시물이 가지런히 놓여 있습니다. 연인, 부모님, 선생님, 딸, 친구에게 쓴 편지들이며 필체도 제각각입니다. 일본인답게 돌려 말하고 있지만 문장 하나마다, 단어 하나마다 추억을 나누려는(share) 마음이 넘쳐납니다.

이곳에 서서 편지를 읽은 이들이라면 자신의 지난날이 주마등처럼 스쳐 지나가겠지요. 편지를 쓰고 싶다는 간절함도 밀려옵니다. 여기에 화룡점정, 바로 옆에 우체통이 있습니다. 점원에게 진짜 부칠 수 있느냐고 물어보니, 씩 웃으며 가능하다고 합니다. 당연히 우표도 살 수 있고, 필요하면 펜도 빌려줍니다. 이 공간은 고객이 문구를 통해 '경험'을 사는 곳입니다.

3층 명칭은 '데스크(Desk)'입니다. 필기구가 가득합니다. 필기구라는 제품은 어떤 경험으로 바꿀 수 있을까요? 이토야는 '선물' 개념을 끄집어냈습니다.

저에게는 중학교 입학 때 아버지로부터 만년필을 선물로 받은 소중한 기억이 있습니다. 받은 것은 만년필이지만 제 기억에 남은 것은 만년필을 멋쩍게 건네던 아버지의 얼굴입니다. 저 또한 해외 출장이 드물던 시절에 출장을 다녀오면 파카 볼펜을 팀원 수만큼 사 와 돌리곤 했습니다. '제품'보다는 '제품을 건네는 이'를 기억해주었으면 하는 바람을 담아서요. 이것이 선물의 요체입니다. 이토야에서 파는 필기구는 1000원짜리 볼펜부터 1500만 원이 넘는 만년필까지 가격대가 다양합니다. 고객이 상황을 이야기하면 그에 걸맞은 가격대 또는 디자인의 펜을 추천해주는 팀이 상주하고 있습니다.

4층에는 노트가 있습니다. 콘셉트는 '스케줄'입니다. 저에게 스케줄 하면 떠오르는 이미지는 프랭클린 다이어리입니다. 공부는 안 하고 공부하려는 계획만 잔뜩 적어두던 그 노트 말이죠.

4층에서는 나만의 맞춤 스케줄러를 제작할 수 있습니다. 여러 디자인 가운데 원하는 속지와 표지를 고르면 점원이 그 자리에서 세상에 하나밖에 없는 노트를 만들어줍니다. 손글씨보다는 타자가 더 익숙하고, 메모장보다는 스마트폰이 더 활용도 높아진 요즘이지만 사각사각 연필심이 노트 위를 달리던 기억은 누구에게나 소중합니다. 이토야는 바로 이 점을 공략합니다. 4층에서 나만의 노트를 만든다는 것은 어느 틈엔가 어린 시절의 나로 돌아가는 경험을 선물합니다. 그래서 이토야를 '머물고 싶은 공간', '어른들의 비밀 아지트'라고 부르나 봅니다.

위로 올라갈수록 전문가 영역입니다. 7층은 종이 코너입니다. 다케오(竹尾)라는 종이 노포와 협력해서 만든 공간이 특히 눈에 들어옵니다. 다케오는 1899년 설립된 지류 전문 업체입니다. 업력(業力)을 합하면 235년이 넘는 두 회사가 만나 현대적인 공간을 창출한 곳이 7층입니다.

먼저 마름모꼴로 진열된 색종이가 눈에 들어옵니다. 파란 계열, 빨간 계열, 노란 계열 색깔이 저마다 아름답습니다. 그 옆에는 라벨이 붙은 두꺼운 책자가 있습니다. 라벨마다 '폭신폭신',

'까칠까칠', '미끈미끈' 등 종이 질감을 나타내는 문구가 적혀 있습니다. '폭신폭신'을 꺼내면 스펀지 같은 색색의 종이가 눈앞에 펼쳐집니다. 눈을 감고 손가락 끝으로 감촉을 느껴봅니다. 설질(雪質)이 몹시 좋은 스키장이 생각납니다. 이처럼 종이를 눈과 손의 느낌으로 체험하고 원하는 종이를 구매할 수 있도록 꾸며 놓았습니다. 놀랍게도 이곳에서 구입할 수 있는 종이는 1000종류가 넘습니다.

이대로 망할 수는 없다

여기까지는 문구류를 체험하는 공간으로서 손색이 없습니다. 그런데 위층으로 갈수록 당황스럽습니다. 비즈니스 라운지가 나오더니 그 위에서는 뜬금없이 채소 농장이 나타납니다. 금싸라기 땅 긴자에, 그것도 문구점 안에 채소 농장이라니요.

왜 문구점 안에 이런 공간을 만들었을까요? 문구만으로 12층을 채우기엔 역부족이었을까요? 그럴 바에야 애초에 건물을 8층까지만 짓거나, 위층은 임대를 주는 게 더 효율적이지 않을까요? 이런 의문을 풀기 위해서는 이토야를 물려받은 이토 아키라(伊東明) 사장의 머릿속을 들여다봐야 합니다.

일본 문구 시장의 소비 패턴은 과거와 많이 달라졌습니다. 학창 시절에는 스스로 문구를 구입하지만, 사회에 나가는 순간 회사가 챙겨준 문구를 사용합니다. 전통적으로 직장인 개개인은 문구점의 핵심 고객이 아니었습니다. 그래서 소매 문구점의 타

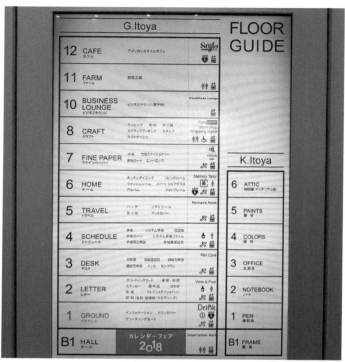

G.이토야의 10~12층은 문구가 아니라 시간과 공간을 파는 공간이다. 10층 비즈니스 라운지, 11층 농장, 12층 카페.

깃은 학생들이었습니다.

그런데 여기에 변화가 찾아옵니다. 미국에서는 초등학교에서 점차 펜을 쓰지 않는다고 합니다. 태블릿을 사용해 쓰거나 그린다는 거죠. 사진을 찍고 화면을 캡처해 편집하는 등 모든 활동을 전자기기의 도움으로 한답니다. 과연 미국만 그럴까요? 디지털은 돌이킬 수 없는 추세이지 않습니까? 일본도 그 방향으로 가고 있습니다. 이런 트렌드는 이토 사장의 머릿속을 어지럽혔습니다.

온라인 쇼핑의 발달은 또 어떻습니까? 이토야는 그간 '문방구의 만물상'을 강조하며 가짓수를 자랑해왔습니다. 하지만 아무리 가짓수를 자랑한다 한들 온라인을 이길 수 없습니다. 결론적으로 '문구만 팔아서는 망할 수밖에 없다'는 판단에 도달합니다.

이때부터 이토야는 지향점을 '물품 판매'에서 '고객 체류'로 옮겨 갑니다. 이제는 체류가 목적입니다. 돈(수익)은 그다음입니다. 돈은 그 속성상 벌려고 하면 도망갑니다. 다른 미션을 추구하면 따라오죠. 머리로는 이해되지만 행동으로 옮기기는 몹시 힘든 이 철학을 이토 사장은 과감히 실천합니다.

긴자에서 가장 비싼 상추

이토야의 새로운 미션은 이토야의 공간을 오래 머물고 싶은 곳으로 만드는 것입니다. 누구나 설레는 동안에는 자리를 뜨지 않습니다. 사람에 대해서든 장소에 대해서든 마찬가지죠.

이토야는 긴자 대로변에 있는 G.이토야와 그 뒤편에 있는 K.이토야로 구성됩니다. G.이토야의 모토는 '머물고 싶은 공간', K.이토야의 모토는 '어른들의 비밀 아지트'입니다. 다른 듯하지만 실은 같은 이야기를 하고 있습니다. 고객의 발길을 오래 붙잡아두려는 거죠. 그것으로 충분합니다. 매력을 느끼고 오래 머물수록 지갑을 열 테니까요.

여기서 카페나 식당의 필요성이 등장합니다. 사람들이 오래 머물게 하려면 카페만 한 공간이 없습니다. 그래서 G.이토야 꼭대기 층을 카페로 만들었습니다. 바로 아래층에 상추를 수경재배하는 채소 농장을 꾸민 것도 같은 이유입니다. 카페 스타일로에서 판매하는 샐러드는 이곳에서 직접 기른 상추로 만듭니다. 뭐가 그리 특별하냐고요? '일본에서 가장 비싼 땅의 상추로 만든 샐러드'라고 하니까요. 호기심에서라도 한번 맛보고 싶어집니다. 제 입맛에는 딱히 더 싱싱하다거나 맛있지는 않았지만, 일본에서 가장 비싼 상추를 먹었다는 경험은 오랜 이야깃거리가될 것입니다.

비즈니스 라운지를 만든 데에는 학창 시절에 문구를 구입한 직장인들도 다시 찾아오라는 의미가 담겨 있습니다. 혹시 미팅 공간이 필요하다면 여길 이용하라는 것이죠. 호텔에서 회의하는 것보다는 훨씬 저렴하고, 음식물이 필요하면 카페에서 조달할 수도 있습니다.

카페에서 먹고 마신 뒤에는 슬슬 산책을 하고 싶어집니다. 소화시킬 겸 위층부터 아래층까지 천천히 매장을 구경합니다. 느긋하게 둘러보니 안 보이던 것이 보입니다. 호기심이 생겨 결국 구매를 합니다. 주위 사람들 손에 온통 크든 작든 문구류가 담긴 종이봉투가 들려 있습니다. 뜻하지 않은 지출에 기분이 나빴을까요? 아닙니다. 직접 체험하고 고른 작은 소비는 소비자들에게 행복을 선물합니다.

ファーム 数量限定 　Half ¥1,120　¥1,600
(松の実・アルグラ・ケール・レタス・シェフズドレッシング)
Farm Salad (Pine Nut, Arugula*, Kale*, Lettuce*, Chef's Dressing)
(*Arugula, lettuce and kale are cultivated by the hydroponic system in Itoya's environment-controlled vegetable factory located on the 11th floor of G.Itoya building.)

11F FARMで収穫した新鮮なルッコラ、フリルレタス、ケールを使用しています。収穫したてのフレッシュな自家水耕栽培の葉野菜を存分にご堪能下さい。

★**サラダ トッピング** Salad Toppings / お好きなトッピングを追加できます

・レインボー キヌア Rainbow Quinoa	¥100	・ポップコーン シュリンプ Popcorn Shrimp	¥250
・フライドトーフ Fried Tofu	¥100	・ドライ イチジク Dried Figs	¥250
・アボガド Avocado	¥200	・スモークサーモン Smoked Salmon	¥300
・パクチー	¥200	・エッグ	¥300

1 G.이토야 12층에 위치한 카페 스타일로.

2 기본 샐러드가 한 접시당 1600엔이라는 비싼 가격에 판매되고 있지만, 고객들의 방문이 끊이지 않는다.

3 '긴자에서 가장 비싼 상추'라는 콘셉트를 눈으로 확인할 수 있는 11층의 수경재배 농장.

지갑 점유율보다 시간 점유율을 높여라

우리에게도 익숙한 '소확행(小確幸, 작지만 확실한 행복)'이라는 말은 작가 무라카미 하루키(村上春樹)가 1986년 발행한 수필집 《랑겔한스섬의 오후(ランゲルハンス島の午後)》의 한 챕터 제목으로 처음 등장했다고 합니다. 바쁜 일상이지만 순간순간 작은 즐거움을 느끼며 살자는 뜻이죠.

일본인들은 1980년대 거품경제의 붕괴로 우리의 IMF 시기 같은 상처를 갖고 있습니다. 이때의 집단 경험이 소소한 행복을 추구하는 심리로 이어졌다고 합니다. 예를 들면 이런 거죠. '막 구운 따끈한 빵을 손으로 뜯어 먹는 것, 오후의 햇빛이 나뭇잎 그림자를 그리는 걸 바라보며 브람스의 실내악을 듣는 것, 서랍 안에 반듯하게 접어 넣은 속옷이 잔뜩 쌓여 있는 것, 새로 산 정결한 면 냄새가 풍기는 하얀 셔츠를 머리부터 뒤집어쓸 때의 기분……' 큰돈 들이지 않아도 행복을 느낄 것 같지 않나요? 이토야는 이런 심리를 대표하는 장소입니다.

문구류는 비싸지 않습니다. 다양성을 강조하기 위해 150만 엔짜리 만년필도 갖춰놓았지만, 100엔짜리 볼펜, 40엔짜리 편지봉투도 있습니다. 이 정도 가격에 행복을 느낄 수 있다면 기꺼이 지갑을 열게 됩니다. 이 행복이 자신의 유년시절을 떠올리게 한다면 더없이 좋겠지요. 이처럼 작은 행복을 제공해주는 플랫폼이 향후 고객의 사랑을 받을 것입니다.

"우리는 공장에서 화장품을 만들지만, 우리가 가게에서 파는 것은 희망이다"라는 명언이 있습니다. 미국의 화장품 회사 레블론(Revlon) 창업자인 찰스 레브슨(Charles Revson)이 한 말입니다. 우리 주변에는 여전히 공장 수준에 머물러 있는 기업이 많습니다. 적어도 공장을 넘어 가게 수준이 되어야 합니다. 그리고 조속히 가게를 플랫폼으로 변신시켜야 합니다. 그것도 고객이 두근거리는 마음으로 찾고, 떠날 때는 아쉬워하는 공간으로 말이죠.

어떻게 그런 공간을 만들지 궁금하다면, 이토야를 가볼 것을 권합니다. 물건을 팔려고 하면 고객은 떠납니다. 흥미로운 경험을 제공하려 하면 고객은 남습니다. 지갑 점유율이 아닌 시간 점유율을 높여야 하는 시대에 어떻게 대응할 것인가, 이토야는 많은 것을 보여줍니다.

이토야는 긴자욘초메역 A7 출구에서 찾아갈 수 있습니다. 출구 오른편에 미쓰코시 백화점이 있습니다. 그길로 쭉 걷습니다. 마쓰야 백화점, 루이뷔통, 불가리 매장을 지나면 G.이토야입니다. 고개를 들면 이토야를 상징하는 '레드 클립'이 보일 겁니다. 정문을 통과해 조금만 걸으면 뒷문이 나옵니다. 왼편을 바라보면 검정색 6층 건물이 보입니다. K.이토야입니다. 양쪽을 합해 총 18층입니다.

....

G.이토야 긴자점

銀座·伊東屋
東京都中央区銀座2丁目7-15

13

센비키야

멜론 한 통에 3만 엔

일본을 자주 가는 이들에게 센비키야(千疋屋)를 아느냐고 물어봅니다. 대부분 '비싼 과일가게'라고 답합니다. 맞습니다. 저도 긴자 센비키야에서 멜론 한 통에 3만 엔(3만 원이 아닙니다)의 가격표가 붙은 것을 보고 눈을 의심한 적이 있습니다. 멜론만이 아닙니다. 보통 과일 바구니 하나가 3~5만 엔에 판매됩니다. 점원에게 혹시 더 비싼 것도 있느냐고 물으니 금액대만 말하면 얼마든지 맞춰주겠다고 합니다. 10만 엔 정도의 과일 바구니는 뚝딱 만들 수 있다는 겁니다. 비싸도 보통 비싼 것이 아닙니다.

이렇게 비싼데 왜 그렇게 잘 팔릴까요? 가격이 오를수록 더 많이 팔린다는 '베블런 효과'가 온갖 정보로 무장한 현대 소비자에게도 통할까요? 모두가 흥청망청하던 거품경제 시기라면 몰라도 잃어버린 20년을 겪었다는 일본에서 말입니다. 그럼에도 센비키야가 사랑받는 이유는 무엇일까요?

노점상에서 일본 제일의 과일 전문점으로

센비키야의 '센비키'는 도쿄 주변 사이타마현의 작은 마을에서 따온 이름입니다. 창업자인 오시마 벤조(大島弁蔵)가 이곳에서 창술(槍術) 도장을 운영했습니다. 1833년 대기근이 들어 도장 운영이 어려워지자 오시마 벤조는 주변에서 나는 과일(감, 포도, 밀감)을 실어다 도쿄에서 파는 노점상을 합니다. 이것이 센비키야의 모태입니다. 동네 이름을 따서 점포 애칭이 '센비키야'가 됐는데, 이것이 상호로 굳어졌습니다. 어쨌든 시작은 호구지책으로 출발한 그저 그런 과일 판매상이었습니다.

2대 째에 와서 상황이 달라집니다. 2대 사장의 아내, 즉 창업자의 며느리는 당시 대형 가쓰오부시(가다랑어포)를 거래하는 도매상의 딸이었습니다. 작은 과일 판매점에 불구했던 센비키야는 처가 쪽 인맥을 통해 정계 거물인 사카모토 료마(坂本龍馬), 사이고 다카모리(西郷隆盛) 등을 단골로 둔 가게가 됩니다. 우리나라로 말하면 '3김 시대'에 YS, DJ, JP가 드나들던 단골집 같은 셈입니다. 센비키야는 입소문에 힘입어 더 많은 고위층을 고객으로 두고 명성이 높아져 아사쿠사(浅草)나 니혼바시(日本橋)의 고급 요정에까지 과일을 납품했습니다.

3대가 가업을 이으면서 사업 규모는 더욱 커집니다. 1868년에는 서양풍의 3층 건물을 짓고 서양 과일을 수입, 판매합니다. 이때 과일 식당도 함께 운영했습니다. 이 식당의 콘셉트는 '부담 없이 양식과 디저트를 즐길 수 있는 공간'입니다. 오늘날 프루츠 팔러(fruits parlor)의 초기 형태로, 그 무렵 일본에서 보기 드문 명소가 됐습니다. 당시 메뉴를 살펴보면 딸기 우유, 과일 펀치, 아이스크림소다, 케이크, 과일 샌드위치 등 오늘날 잘나가는 디저트 메뉴와 구성이 비슷합니다. 그만큼 시대를 앞서는 곳이었고, 그만큼 번창했습니다.

아무리 메이지유신 이후 서양 문물이 급속히 들어오던 시기라지만, 유통과 보관 시설이 마땅치 않았던 시절 서양 과일을 수입하겠다는 결단은 쉽지 않았을 겁니다. 그럼에도 센비키야 경영자들은 시대의 변화를 민감하게 읽고, 과감한 결단을 내리는 경영 능력이 있었던 거죠.

이 무렵 센비키야는 두 번의 노렌와케(暖簾分け, 노렌을 찢어서 주다)를 결정합니다. 노렌은 일본 전통 상점의 출입구에 내거는 천을 의미합니다. 이 천은 타인이 가게 안을 들여다보지 못하게 하는 역할도 하고, 바람이나 햇빛 차단용으로도 쓰입니다. 흔히 이 천에 상점의 상호나 대표 문양을 새겨 넣습니다. 가게의 간판과 같은 노렌을 찢어 준다는 것은 '같은 상호로 분가해도 좋다'는 허락을 의미합니다.

통상적으로 능력 있는 종업원이 오랫동안 열심히 일해 지배인 자리까지 오르면 주인(오너)이 새로운 상점을 내어주는 것을 노렌와케라고 합니다. 이때 자본을 대주는 경우는 없습니다. 이름은 쓰게 하지만 스스로 알아서 성장하라는 뜻이죠. 1881년에는 2대째 사장의 사위가 '교바시(京橋) 센비키야'로, 1894년에는 3대째 사장의 오른팔이었던 지배인이 '긴자 센비키야'로 독립합니다. 이렇게 나뉜 세 곳이 지금까지 각각 명맥을 유지하고 있으니 단순한 과일가게로 생각하면 안 되는 곳이 센비키야입니다.

2008년부터는 3사가 모여 교류회를 운영하고 있습니다. 브랜드 가치를 훼손시키지 않기 위해 함께 노력하자는 의미라고 합니다. 서로 노하우를 공유하면서, 고급 과일 시장을 과점하려는 숨은 의도도 있을 듯합니다.

잠깐 곁길로 샜습니다. 4대째는 과일을 판매할 뿐만 아니라 직접 생산하기 시작합니다. 이를 위해 1914년 도쿄 인근에 3000평 농장을 만듭니다. 특히 당시로서는 획기적이게도 다섯 동의 온실을 만들어 멜론 생산에 주력했습니다. (다시 강조하지만 요즘 이야기가 아닙니다. 무려 1914년의 이야기입니다.) 그때부터 센비키야의 멜론은 가게를 대표하는 상품을 넘어 고급 과일의 대명사가 됩니다.

4대에 걸쳐 과일의 업(業)에 집중하던 센비키야를 더욱 도약시킨 것은 거품경제였습니다. 5대째 업을 이어갈 무렵, 일본은 전후 초호황의 시대가 펼쳐집니다. 작은 기업에서도 비싼 과일 선물세트를 단체로 주문할 만큼 과일이 불티나게 팔렸습니다. 당시 센비키야는 돈 세느라 정신이 없었다고 합니다. 그러다 거품경제가 꺼지면서 센비키야도 위기를 맞습니다. 무리하게 확장한 지점 여러 곳을 정리하고 구조 조정을 단행합니다. 암흑기가 시작된 것입니다.

본질 빼고는 다 바꿀 수 있다

1995년 6대째이자 현재 센비키야를 이끄는 오시마 히로시(大

島博) 사장이 취임합니다. 영국에서 노포 경영학을 공부한 히로시 사장은 사업을 물려받으면서 업의 개념, 업의 본질, 업의 특성에 대해 재정의합니다. 업의 개념이란 '우리의 사업은 무엇인가'라는 질문에 대한 답입니다. 이는 업의 본질과 업의 특성으로 나뉩니다. 전자는 시간이 지나도 변하지 않는 기본 가치를, 후자는 시대나 환경 등의 조건에 따라 달라지는 업의 속성을 의미합니다.

앞서도 살펴보았듯이 센비키야는 고급 과일가게입니다. 창업 당시야 그저 그런 과일가게였을지 모르지만 2대 때부터는 요즘으로 치면 '미슐랭 별 셋' 디저트용 과일을 취급하는 곳이 됐습니다. 시대의 흐름에 따라 정계 거물에서 사회 고위층, 유행에 민감한 층으로 핵심 고객층이 변해왔습니다. 거품경제 때는 일본 국민 모두가 고객이기도 했습니다. 그런데 6대째로 넘어오자 불황이 찾아왔고 고객의 니즈가 가성비로 넘어갑니다. 센비키야는 어떻게 변신해야 할까요?

먼저 센비키야는 브랜드에 대한 일본 소비자의 인식에 귀 기울였다고 합니다. 센비키야라고 하면 '문턱이 높다', '손이 닿지 않는다', '너무 비싸서 내 돈 주고 사 먹을 수는 없다'라는 이미지가 강했습니다. 이미지 변신을 위해 가격을 낮출 수도 있습니다. 가성비를 중심으로 상품 구색을 바꿀 수도 있습니다. 그런데 센비키야는 그렇게 하지 않았습니다. 고급 과일가게라는 업의 본질을 훼손할 수는 없기 때문입니다.

센비키야 6대 사장 오시마 히로시. 센비키야를 상류층의 문턱 높은 가게에서 고급 과일을 즐길 수 있는 대중적 공간으로 재탄생시켰다.

　여기서 오시마 사장은 묘수를 짜냅니다. 과일을 재료로 한 케이크·잼·젤리·주스·샌드위치를 만든 것입니다. 상처 난 과일은 제값을 받지 못합니다. 하지만 잼을 만드는 용도라면 상처 난 과일이건 성한 과일이건 상관이 없습니다. 무지의 '깨진 표고버섯'처럼 말이지요. 원가를 낮출 수 있으니 가격도 떨어지지만 품질은 결코 낮지 않습니다. 이 덕분에 예전에는 가게를 찾지 않던 젊은 층과 중산층이 새로운 고객으로 유입됩니다. 원래 비싸게 팔던 잘생긴 과일은 가격을 떨어뜨리지 않고 예전처럼 판매할 수 있으니 고급이라는 브랜드 이미지는 훼손되지 않습니다.

　업의 본질을 훼손하지 않으면서도 변화의 노력을 기울인 덕분에 센비키야의 매출은 2018년 기준으로 92억 엔을 넘어섰습니다. 이는 오시마 사장의 취임 첫해 매출액보다 다섯 배 증가한 수치입니다. 주력 상품군 또한 바뀌어서 지금은 과일 가공품이 매출의 80퍼센트를 차지합니다. 단적으로 말해 기존 사업인 순수 과일 매출은 20년간 동일하게 유지하고, 신규 사업인 가공품 매출이 기존 사업의 네 배가 된 셈입니다. 사업 구성과 매출만으로는 더 이상 고급 과일을 취급하는 가게라 보기 어렵지만, 센비키야는 여전히 일본에서 좋은 과일을 판매하는 명품 상점의 이미지를 갖고 있습니다. 비결은 무엇일까요? 매장을 찾아가면 알 수 있습니다.

장인정신

한 통에 3만 엔짜리 멜론 맛이 너무 궁금해 지인 여러 명과 도쿄에 있는 센비키야 가게를 찾은 적이 있습니다. 각자 주머니를 털어 갹출하고 3만 엔짜리 멜론 한 통을 구입하기로 합니다. 그런데 종업원이 우리 일행의 얼굴을 뚫어지게 보더니 묻습니다.

"언제 드실 건가요?"
"네? 왜 그런 질문을 하시죠?"
"현재 저희 가게에 진열된 멜론은 오늘부터 사흘 뒤에 먹어야 최적의 맛을 냅니다. 여행객이신 것 같아서 혹시 바로 드시려 할까 봐 걱정되어 묻는 겁니다."

1 도쿄 니혼바시에 있는 센비키야 총본점.

2 센비키야의 과일 세트는 높은 가격만큼 최고의 선물로 통한다.

3 젤리, 케이크, 잼 등 과일 가공품이 전체 매출의 80퍼센트를 차지하고 있다. 사진은 젤리 선물세트.

"오늘 먹으면 안 되나요?"

"오늘 드시면 3만 엔의 값어치를 못 느낍니다."

여기서 말문이 막혔습니다. 내일 저녁 비행기로 돌아가야 하는 스케줄이라 하루 기다려 내일 오후에 먹을 수도 있겠지만, 호텔의 작은 냉장고에 멜론이 들어갈지 확신이 서지 않았습니다. 결국 멜론 구입을 포기하고 말았습니다.

사실 우리 일행 중 누구도 이전에 3만 엔짜리 멜론을 먹어본 적이 없습니다. 모르니까 거금을 들여 그 맛을 알고자 한 거죠. 맛이 기대에 못 미치더라도 그게 3만 엔의 맛이구나 하고 느끼면 그만이었습니다. 센비키야의 점원도 그걸 모를 리 없습니다. 그러나 그 점원은 그렇게 하지 않았습니다. 왜 그랬을까요?

브랜드에 대한 자부심과 그를 뒷받침해주는 교육 때문입니다. 센비키야는 어느 과일은 며칠 후에 먹는 것이 최적인지를 고객에게 반드시 이야기하도록 종업원을 교육합니다. 실제 맛을 느끼게끔 비싼 과일을 수시로 먹게 합니다. 예를 들어 멜론 다섯 통을 준비합니다. 모두 사흘 뒤에 먹는 것이 가장 맛있지만, 직원들에게 그 멜론을 매일 한 통씩 맛보도록 합니다. 첫째 날, 둘째 날, 셋째 날, 넷째 날, 다섯째 날. 닷새가 지난 후 맛의 차이에 대해 토론하며 미묘한 맛의 차이를 이해하도록 합니다. 본인이 설득되어야 남을 설득할 수 있습니다. 종업원이 진정 그 맛의 차이를 느껴야, 고객에게 며칠 후에 드시라고 말하는 이유를 스스

총본점 2층에서 맛볼 수 있는 과일 세트와 샌드위치.

로 이해할 수 있습니다. 이뿐 아닙니다. 센비키야가 직접 생산하는 멜론의 수확지는 시즈오카현 후쿠로이(袋井)시입니다. 이곳을 센비키야 직원들은 수시로 방문한다고 합니다. 제품 보는 안목을 기르기 위해서겠지요.

센비키야 총본점에 가면 1층은 매장입니다. 입구에 계절을 대표하는 상품이 진열되어 있습니다. 겨울철엔 멜론, 봄철엔 완숙 망고가 주로 놓입니다. 대표 과일은 최소 2만 엔 이상의 가격표가 붙어 있습니다. 왼쪽에서는 와인과 과일로 구성된 선물세트를 판매합니다. 과일 잼, 과일 주스도 살 수 있습니다. 다만 빽빽하게 진열하지 않고 충분히 공간 여백을 두어, 보는 이로 하여금 편안함을 느끼게 합니다.

2층은 카페입니다. 2인용 과일 세트를 맛볼 수 있습니다. 서

빙하는 종업원이 세트에 나오는 멜론과 딸기는 고급품이지만, 나머지는 일반 과일이라고 친절히 설명해줍니다. 그래도 가격은 4000엔이 넘습니다. 세트를 주문하면 물이 담긴 와인잔, 작은 포크와 나이프, 스푼도 함께 세팅합니다. 마치 레스토랑에서 식사하듯 나이프로 과일을 썰어가며 먹으라는 거죠. 카페에서는 파르페를 즐기는 젊은 고객을 많이 볼 수 있습니다. 급히 먹는 손님은 한 명도 없습니다. 모두 느긋합니다. 이 카페의 모토인 '여유로운 미식 공간'과 잘 어울립니다.

여유가 된다면 과일 세트, 분위기를 느끼고 싶다면 파르페를 주문하고 센비키야의 186년 역사를 음미해보기 바랍니다. 고급 과일가게라는 업의 본질을 유지하면서도 시대의 흐름에 따라 업의 특성을 어떻게 바꿔왔는지를 곱씹으면서 말이지요.

센비키야 총본점은 니혼바시 미쓰이 타워(Nihonbashi Mitsui Tower)에 있습니다.

센비키야 총본점

千疋屋 総本店
東京都中央区日本橋室町2丁目1-1

14

미쓰코시

오모테나시란 이런 것

#변화무쌍_비즈니스_모델   #퍼스널_쇼핑_데스크   #미쓰이_다카토시

《삼국지》는 조조, 유비, 손권이 패권을 다투던 시대의 중국 역사 이야기입니다. 제갈공명을 모셔 오려 했던 삼고초려(三顧草廬), 그리고 유비, 관우, 장비가 나눈 도원결의(桃園結義)는 굳이 책을 읽지 않은 이들도 들어보았을 만큼 유명한 일화입니다. 일본에도 《삼국지》만큼 흥미진진한 이야기가 넘쳐나던 시대가 있습니다. 개성 강한 무장들이 일본의 패권을 두고 겨룬 전국시대입니다.

조조, 유비, 손권처럼 전국시대에도 유명한 세 명의 무장이 있었습니다. 일본을 거의 통일했지만 부하의 배신 때문에 자결로 생을 마감한 오다 노부나가(織田信長), 오다의 몸종이었으나 능력 하나로 일본 천하를 통일한 도요토미 히데요시(豊信秀吉), 전국시대 최후의 승자가 되어 265년간 이어질 에도막부를 연 도쿠가와 이에야스(德川家康). 이들의 파란만장한 일대기는 한 번쯤 읽어볼 만합니다.

누구에게, 어떤 가치를 어떤 경로로

지금부터 살펴볼 미쓰코시(三越)의 역사는 도요토미 히데요시 시대까지 거슬러 올라갑니다. 상업의 중요성을 일찌감치 깨달

1673년 문을 연 에치고야 포목점은 소량판매, 정찰제라는 당시로서는 획기적인 비즈니스 모델을 선보여 인기를 모았다.

은 도요토미는 혼란한 전국을 평정하고 권력을 잡자 오사카와 교토를 중심으로 하는 일본의 3대 상인을 우대했습니다. 오사카 상인, 오미(近江) 상인, 이세(伊勢) 상인이 그들입니다(개성상인처럼 지역 이름을 따서 그렇게 불렀습니다).

그런데 당시 상인 가운데 미쓰이 다카토시(三井高利)라는 특출난 자가 있었습니다. 1622년 출생한 그는 51세가 되던 1673년 도쿄 니혼바시 지역에 에치고야(越後屋)라는 포목점을 열었습니다. 니혼바시는 포목점이 집결해 있던 지역으로 초부유층 대상의 대규모 소매점이 비즈니스 모델이었습니다. 다시 말해 부유층을 주 고객으로 하는 대규모 단골 장사 개념이어서, 자본도 부족하고 인지도도 낮은 미쓰이 입장에서는 새로운 비즈니스 모델을 찾는 것이 절체절명의 과제였습니다.

미쓰이 다카토시는 기존 판매방식을 연구했습니다. 고객은 초부유층, 품목은 옷감, 가격은 흥정하기 나름이었고, 지불은 외상을 쌓아두다 1년에 두 번 몰아서 하는 것이 관행이었습니다. 최소 판매단위는 필(폭 36센티미터, 길이 12미터)이었습니다.

미쓰이는 전혀 다른 비즈니스 모델을 구상했습니다. 새로운 비즈니스 모델을 만들 때는 누구(customer)에게, 어떤 가치(value)를, 어떤 경로(channel)로 제공할지 결정해야 합니다. 먼저 고객층을 확대했습니다. 부유층이 아니라 어느 정도의 소득 수준인 고객에게 당시로서는 사치품으로 통하던 포목을 판매했습니다. 그러려면 소량판매가 필수적입니다. 그래서 획기적인 판매방식인 '조각 판매'를 실시합니다(수박을 4등분하여 4분의 1쪽씩 판매하는 식입니다). 여기에 더해 판가를 낮췄습니다. 단 흥정 없는 정찰제를 고수하고 결제는 현금으로만 즉시 받아 회전율을 높였습니다.

새로운 비즈니스 모델을 도입한 미쓰이 에치고야는 말 그대로 문전성시를 이뤘습니다. 소량판매 덕분에 부유층이 아니더라도 가게를 찾았습니다. 단골에게만 싸게 주는 것이 아니라 누구에게나 같은 값을 받고 판다고 하니, 포목점을 이용해본 적이 없는 계층이라면 당연히 에치고야를 찾게 됩니다. 당시는 혼란한 전국시대가 끝나면서 상업이 발달하고 민간 소비가 늘어나 중산층의 포목 소비가 늘어나던 시점이어서, 에치고야의 인기는 나날이 높아졌습니다.

주변의 다른 가게는 발만 동동 구를 뿐이었습니다. 보다 못한 어느 경쟁 업체는 에치고야 앞에 오물을 뿌리며 강짜를 부리기도 했습니다. 뒤늦게 자리 잡아 자기 손님 다 빼앗아 갔다는 구실을 대면서 말이죠. 다른 포목상도 에치고야 방식을 따라하면 되는 것 아닌가 하겠지만 한번 굳어진 판매 관행과 시스템은 그리 쉽게 바꿀 수 없는 법입니다. 어떤 경쟁 업체는 막부 정권에 에치고야를 '공정거래법 위반'쯤으로 고소하기도 했습니다. 기존과 다른 판매방식으로 상거래 질서를 어지럽힌다는 주장이었죠.

사안을 들여다본 막부는 에치고야가 잘못한 것은 없다고 판단했습니다. 오히려 그 참신한 아이디어를 높이 사 막부의 물품을 대는 어용상인으로 선정했습니다. 경쟁자들도 더 이상 어쩔 수 없었습니다. 에치고야를 건드리는 것은 막부에 반기를 드는 것과 마찬가지이기 때문입니다.

모두를 만족시킨 미쓰이의 환전업

막부 정권은 에도(지금의 도쿄)를 근거지로 했습니다. 그러나 여전히 상업 중심지는 오사카였고, 그곳에 큰 상인집단의 근거지가 있었습니다. 막부의 주 수입원은 상인에게 징수하는 세금이었으므로 오사카에서 에도까지 돈(세금)이 움직여야 했습니다. 당연히 운반비용이 들겠지요. 비유컨대 오사카에서 110원을 보내면, 수송·보안 등 비용이 10원 발생해 막부에는 100원이 가는 셈입니다.

승승장구하던 미쓰이 다카토시는 또 하나의 기발한 사업 아이디어를 생각해냅니다. 오사카 상인에게 이런 식으로 제안한 겁니다. '나에게 110원이 아닌 107원만 내라. 내가 무사히 막부에 전달하겠다.' 막부에도 비슷한 제안을 합니다. '나를 활용하면 오사카에서 100원 납부받던 것을 103원 받도록 하겠다.' 양쪽 모두 거절할 리 없습니다. 무슨 마법을 부린 걸까요?

미쓰이 다카토시의 포목점은 에도에 있습니다. 판매처가 에도인 셈이니 당연히 판매대금(돈)도 에도에 있습니다. 그러나 판매물품인 포목은 상업 중심지인 오사카에서 떼어 와야 합니다. 이는 에도에서 번 돈이 오사카로 흘러가야 한다는 뜻입니다. 막부가 걷는 세금과는 돈의 흐름이 정반대인 겁니다.

자신이 제안한 시스템을 활용하면 미쓰이는 굳이 원단을 구하러 돈을 들고 오사카에 갈 필요가 없습니다. 어차피 오사카 상인에게 돈(막부에 내는 세금)을 받으니 그 돈으로 포목을 구매하면 됩니다. 대신 막부에 내야 하는 돈(오사카 상인이 낸 세금)은 에도에서 포목을 팔아 번 돈으로 정산하면 됩니다. 게다가 에도 상인에게는 107원을 받아 막부에는 103원만 주면 되니 어마어마한 차익도 남습니다. 이 시스템은 오사카 거상, 막부, 미쓰이 3자를 모두 만족시켰습니다. 미쓰이는 포목점 외에 '환전상'이라는 또 하나의 업태를 추가하는 데 성공합니다. 이 환전상이 메이지유신 이후 은행으로 발전합니다.

시간이 흘러 1872년, 에치고야는 성과가 예전만 못했습니다. 초창기 비즈니스 모델은 이제 주변 상점 모두가 도입할 만큼 대중화되었고 세상도 바뀌었습니다. 메이지유신 이후 권력의 중심이 막부에서 천황과 변방 사무라이에게 넘어갔습니다. 당연히 환전상으로 버는 이익도 예전 같지 않았습니다.

거기다 서양 문물이 들어오면서 양복이 유행하다 보니 포목 매출은 계속 감소했습니다. 이때 메이지 정부 재무대신이던 이노우에 카오루(井上馨)로부터 "포목점 사업을 분리하고 은행 설립에 집중하라"는 지시를 넌지시 받습니다. 일본에는 근대적인 은행 제도가 없었습니다. 결국 일본 최초의 은행을 만드는 데 미쓰이그룹이 가장 큰 자본금을 출자했고, 이 은행이 오늘날 미즈호 은행(みずほ銀行)이 됩니다.

미쓰이 집안은 포목점 사업을 분리해야 했지만, 미쓰이라는 상징을 남기고 싶었습니다. 그래서 미쓰이(三井)와 에치고야(越後屋)의 앞 글자를 따서 '미쓰코시(三越)'라는 이름을 새로 지었습니다(일본어로 越이라는 한자는 때에 따라 '에치' 또는 '코시'라고 읽습니다). 이후 미쓰코시는 일본 최초로 쇼윈도와 에스컬레이터를 도입하고, 전 매장에 난방시설을 설치하는 등 시대를 앞서는 안목을 과시하며 포목점을 넘어 일본 최고의 백화점으로 성장합니다. 이는 과거에 얽매이지 않고 고객에게 어떤 가치를 제공할지 끊임없이 고민한 창업자 미쓰이의 정신을 이은 결과입니다.

니혼바시에 있는 미쓰코시 백화점 전경. 외관에서 오랜 세월의 무게가 느껴지지만 내부는 전혀 다른 현대적 공간이다.

"우리는 오모테나시를 제공합니다"

세상은 계속 변화합니다. 새로운 비즈니즈 모델도 시대의 변화에 따라 금세 구시대의 유물이 되기도 합니다. 백화점이 그렇습니다. 전 세계 어디나 백화점 매출이 떨어지고 있다는 뉴스는 더 이상 새롭지 않습니다. 일본도 마찬가지입니다.

도쿄에는 기존 백화점과 차별화된 유통 업태들이 속속 등장하고 있습니다. 2016년 뉴우먼(NEWoMan), 2017년 긴자식스, 2018년 도쿄 미드타운 히비야(東京ミッドタウン日比谷)처럼 말이죠. 이들은 백화점이라는 이름을 더 이상 쓰지 않습니다. 백화

점이라 하면 '오래된', '낡은'이란 느낌을 주니까요. 그러나 고객의 입장에서 보면 이들은 백화점과 경쟁하는 곳입니다. 이런 추세에 따라 일본 백화점의 시초라 할 수 있는 미쓰코시 니혼바시 본점도 새로운 비즈니스 모델을 개발하고 있습니다.

미쓰코시는 일본 특유의 '오모테나시'를 새로운 가치로 내걸었습니다. 일본의 오래된 온천에 가면 주인 할머니가 극진히 손님을 모시지 않습니까? 바로 그 마음가짐, 그 자세를 도입하기로 한 겁니다. 일종의 퍼스널 케어(personal care)입니다. 큰 비용을 들이지 않고 이를 체험할 수 있는 공간이 바로 미쓰코시 백화점의 먹거리 코너입니다.

지하 1층 식품 매장의 퍼스널 쇼핑 데스크(Personal Shopping Desk)에는 호텔에서처럼 식품과 관련한 서비스를 책임지는 컨시어지(concierge)가 상주합니다. 차 전문 컨시어지, 반찬 전문 컨시어지 등 책임 분야가 나뉘어 있습니다. 고객 누구든 이들의 도움을 받아 쇼핑할 수 있습니다.

퍼스널 케어의 가장 큰 장점은 제품명 대신 상황을 이야기하면 된다는 것입니다. 약국에 가서 "A라는 약을 주세요" 하는 대신 "오늘 아침부터 속이 메슥거려요"라고 하는 것처럼 말이죠. 저도 가벼운 마음으로 퍼스널 쇼핑 데스크를 방문했습니다. "어르신께 가벼운 선물을 사드리고 싶습니다. 먹을 것이면 좋겠는데, 아무래도 연세가 있어 건강에 신경이 많이 쓰입니다. 그래도 맛있는 것을 드리고 싶습니다. 다만 예산은 크지 않았으면 좋겠

매장 곳곳에 퍼스널 쇼핑 데스크가 있다. 별도의 비용 없이 도움을 받을 수 있는 것이 장점이다. ▲ 식품 매장에 있는 퍼스널 쇼핑 데스크. ▼ 차, 반찬 등 세세한 분야까지 전문 컨시어지가 상주하고 있다.

습니다."

제 얘기를 듣던 컨시어지는 계란을 언급하더니 카스텔라 코너로 저를 데려갔습니다. 살짝 망설였습니다. 한때 유행한 대만 카스텔라가 떠올랐습니다. 카스텔라가 건강에 좋다고? 알고 보니 일반 계란으로 만든 카스텔라가 아니라 오골계 알로 만든 카스텔라였습니다. 건강을 생각할 뿐 아니라 어디서도 접하기 힘든 선물 같았습니다. 고개를 끄덕이자 바로 선물 포장까지 제안합니다. 이처럼 고객이 상황을 얘기하면 전문가가 그에 걸맞은 상품을 추천해주고 함께 쇼핑까지 하는 시스템이 '퍼스널 케어'입니다.

푸드 코디네이트 서비스도 있습니다. 친구, 친척, 지인을 초청해 파티를 연다고 하면 취향, 예산, 인원수 등에 따라 적절한 음식 메뉴를 제안해줍니다. 그뿐만 아니라 테이블 세팅, 요리 방법, 공간 장식도 제안합니다. 원하면 케이터링도 연결해줍니다.

퍼스널 케어 서비스의 특징은 별도 비용이 발생하지 않는다는 겁니다. 그럼 무엇으로 퍼스널 케어를 담당하는 직원들의 인건비를 충당할까요?

고객이 퍼스널 케어를 받으면 아무래도 상품을 구매할 확률이 높아집니다. 백화점에 들어온다고 해서 모두 물건을 구매하지는 않습니다. 날씨가 덥거나 추워서 들어오는 사람도 있고, 그저 눈요기 삼아 여기저기 둘러보는 사람도 있습니다. 그렇지만 퍼스널 케어를 신청하는 사람은 '무엇인가를 구매'하려고 들어온 고객입니다. 이들에게 더 많이 신경 쓰겠다는 것이 퍼스널 케어의 출발점입니다. 모든 고객에게 잘하기보다, 구매를 원하는 고객에게 더욱 집중하겠다는 전략인 겁니다.

2016년 일본 중요문화재로 지정된 미쓰코시 본점은 건물 자체만으로도 볼거리입니다. 본관 정면에는 청동으로 만든 사자상이 있습니다. 1914년 런던 트라팔가르 광장의 사자상을 모방해 설치한 것입니다. 백화점 4층 높이에 달하는 천녀상(天女像)은 본관 1층 중앙홀의 뻥 뚫린 공간에서 그 위태를 뽐내고 있습니다. 매장은 재개장을 한 뒤로 분위기가 환해졌습니다. 콘셉트는 '하얗게 빛나는 숲'입니다. 안도 다다오(安藤忠雄)와 자웅을 겨루는 구마 겐고(隈研吾)의 손길을 거쳤습니다.

멋진 건축물을 보며 이런 질문을 해보면 어떨까요? '나의 비즈니스 모델은 누구에게 어떤 가치를 어떤 경로로 전달하고 있는가? 그 모델은 지금 유효한가? 만약 유효하지 않다면 어느 부분을 바꿔야 할까? 바뀐 부분은 어떻게 고객에게 바뀌었음을 인식시킬 수 있을까?' 전통과 현대가 어우러진 매장을 돌아보면서 끊임없이 비즈니스 모델을 변신시켜온 미쓰코시의 매력을 느껴보기 바랍니다.

지하철 긴자선을 타고 미쓰코시마에(三越前)역에 내립니다. 방향 표시가 잘되어 있어 길 잃을 염려가 없습니다.

미쓰코시 니혼바시 본점

日本橋三越本店
東京都中央区日本橋室町1丁目4-1

15

이치란 라멘

당신만의 맛을 찾아드립니다

맛은 취향입니다. 어떤 이는 단맛을, 어떤 이는 짠맛을 좋아합니다. 좋아하는 맛은 기분이나 상황에 따라 변하기도 합니다. 달콤한 고구마깡이 먹고 싶은 날이 있는가 하면 짭조름한 감자깡을 먹고 싶은 날도 있습니다. 초여름 소낙비가 내리면 매운 짬뽕이 당기다가 언제 그랬냐는 듯 날씨가 개면 팥빙수를 먹고 싶기도 합니다.

같은 종류의 음식이라도 대표하는 맛이 여럿일 때도 있습니다. 일본 라면, 즉 라멘도 그렇습니다. 라멘은 크게 네 가지 맛으로 나뉩니다. 간장, 소금, 된장, 돼지뼈 맛입니다. 이 네 가지를 기본으로 해서 다양한 맛의 조합이 가능합니다. 맛은 음식점의 기본입니다. 그러니 맛 외에도 손님을 끌 수 있는 다른 무기가 있다면 확실히 성공합니다. 일본에서는 특이한 시스템으로 대박이 난 라멘집이 있습니다. 바로 이치란(一蘭)입니다.

점심시간에 이치란 매장을 방문하면 십중팔구는 기다려야 합니다. 줄을 서고 있으면 종업원이 다가와 어느 나라 사람이냐고 물어봅니다. 국적을 말하면 그 나라말로 적힌 주문용지를 나눠 줍니다.

주문용지? 네, 그렇습니다. 이치란은 고객의 취향에 따른 '맞춤 라멘'으로 유명합니다. 같은 라멘이라도 꼬들꼬들한 면발을 좋아하는 사람이 있고, 푹 삶은 면발을 좋아하는 사람이 있습니다. 그런 취향에 맞춰주겠다는 겁니다. 이해가 갑니다. 그럼 고객이 자기 취향을 말하면 될 텐데, 왜 주문용지를 나눠주는 것일까요?

이치란의 주문용지를 살펴봅시다. 원하는 라멘을 고르는 난이 지나치다 싶을 만큼 상세합니다. 국물은 싱거운 맛에서 진한 맛까지 세 종류가 있습니다. 국물의 느끼한 정도(기름진 정도)가 5단계, 들어가는 마늘 양에 따라 5단계, 파는 첨가유무와 종류에 따라 3단계, 돼지고기 투하 여부가 2단계, 다대기 첨부 정도가 5단계, 면 삶은 정도가 5단계로 나뉩니다. 조합에 따라 총 1만 1250가지의 라멘을 만들 수 있습니다. 여기에 주관식으로 표시하는 난까지 있으니 그 가짓수는 기하급수로 늘어나겠지요.

제품을 모듈화하고 모듈별로 고객이 선택할 수 있도록 하는 것을 '대량맞춤생산(masscustomization)'이라고 합니다. 조지프 파인(Joseph Pine)이 제안한 이 개념은 대량생산의 스피드, 맞춤생산의 고객 선호 맞춤이라는 두 가지 장점을 결합시킵니다.

모듈화: 나만의 라멘 만들기

왜 라멘집에서 이런 시스템을 들였을까요? 이야기는 1960년

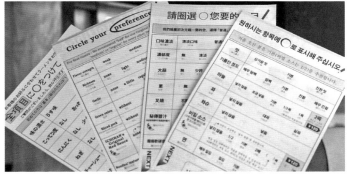

▲ 라멘집 단골에서 이치란 사장이 된 요시토미 마나부.
▼ 이치란을 유명하게 만든 주문용지. 일본어 외에도 한국어, 영어, 중국어 주문용지를 제공한다.

으로 거슬러 올라갑니다. 어느 노부부가 라멘 노점상을 운영하고 있었습니다(일본에는 포장마차 형태로 새벽까지 라멘을 파는 가게가 꽤 있습니다). 세월이 흘러 부부가 더 이상 라멘가게를 운영하기 어렵게 되었습니다. 그런데 이 라멘집은 예전부터 단골 손님이 원하는 라멘을 즉석에서 만들어주는 것으로 유명했습니다. 이를 잊지 못한 단골들이 모여서 이 집을 인수하기로 합니다. 그 단골 가운데 한 명인 요시토미 마나부(吉富學)가 가게를 잇습니다.

사장은 단골 손님의 입맛을 누구보다도 잘 알고 있습니다. 매운 맛을 원하는 손님에겐 맵게, 설익은 맛을 좋아하는 손님에겐 꼬들꼬들하게 제공합니다. 입맛에 맞춰 라멘을 만들어준다는 이야기가 퍼지면서 손님이 늘어납니다. 그러나 단골이 아닌 손님은 취향을 알 길이 없습니다. 처음에는 일일이 물어봤다고 합니다. 재미있다며 일부러 그런 대화를 위해 찾아오는 손님이 있을 정도였습니다. 손님이 더 늘어나자 일일이 대화하는 게 불가능해졌습니다. 그래서 각자의 취향을 적는 주문용지를 개발한 겁니다. 이것이 오늘날 이치란의 시그니처(signature)로 자리 잡았습니다.

다시 주문용지를 봅니다. 도대체 어떻게 골라야 할까요? 일단 첫 방문이라면 '기본'에 동그라미를 치고 기본 라멘을 드시길 권합니다. 기본을 먹고 나면 다음부터는 '국물이 싱겁다', '면은 적당하다', '마늘은 부족하다'는 식의 기준이 섭니다. 다음에 올 때는 이를 염두에 두고 주문할 수 있습니다. 이렇게 서너 번 먹고 나면 나만의 라멘 스타일이 완성됩니다. 팁을 드리자면 우리나라 사람 입맛에는 '아주 맵게, 마늘 많이, 파는 대파로, 기름기 없이'가 잘 맞습니다. 다만 면은 취향대로 선택하면 좋습니다.

주문용지 외에도 고객을 배려하는 장치가 더 있습니다. 주문용지를 종업원에게 건네면 이치란의 유명한 칸막이 좌석으로 안내받습니다. 마치 도서관 책상 같은 이 좌석에도 사연이 있습니다.

▲ 혼족을 위한 칸막이형 좌석.
▼ 비어 있는 좌석을 확인할 수 있는 안내판.

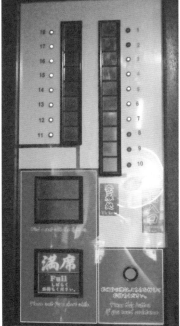

이치란 1호점을 오픈할 때의 일입니다. 개점 이벤트로 거리 앙케이트를 했습니다. 많은 여성이 라멘집에 혼자 들어가길 꺼린다는 조사 결과가 나왔습니다. 거의 30년 전이니 그때는 지금보다도 여성 혼자 가게에 들어와 후루룩 후루룩 라멘을 먹는 게 쑥스러웠을지 모르죠. 일본 라멘집은 등받이 없는 의자에 앉으면 주방장이 카운터 건너편에서 라멘을 건네주는 것이 일반적인 형태였습니다. 이치란은 앙케이트 결과를 반영해 손님 좌석과 카운터 사이에 가림막을 설치했습니다. 2호점부터는 아예 좌석과 좌석 사이에도 칸막이를 만들었습니다. 이것이 진화해서 오늘날 독서실 같은 라멘집이 탄생한 것입니다.

이를 이치란은 '맛 집중 시스템'이라고 부릅니다. 라멘 먹는 것에만 집중하라는 뜻이죠. 덕분에 이치란에는 여성 고객이 압도적으로 많습니다. 유명인도 부담 없이 자주 방문한다고 합니다.

여러 명 또는 커플 고객은 어떻게 할까요? 칸막이를 살펴보면 경첩으로 되어 있어 칸막이를 치웠다 붙였다 할 수 있습니다. 필요에 따라 칸막이를 접고 먹으면 됩니다. 다만 전반적으로 독서실 분위기라 신나게 떠들면서 먹기에는 눈치가 보입니다.

요시토미 사장은 이야기합니다. "본래 라멘은 묵묵하게 10분 정도 맛보는 것입니다. 맛 집중 시스템을 통해 주위를 신경 쓰지 않고 본능대로 릴랙스한 상태로, 먹는 일에만 집중할 수 있는 환경을 제공하고 싶었습니다. 사람은 자율신경 작용에 의해 긴장

하거나 릴랙스합니다. 자율신경에는 교감신경과 부교감신경이 있습니다. 교감신경은 긴장 시에 앞서서 작용합니다. 게임 중이거나 접대, 맞선 등으로 긴장했을 때는 이른바 전투 모드, 소비 모드이며, 그런 상황에서는 어떤 사람이라도 맛을 느낄 수 없습니다. 반면 부교감신경이 작용하면 느긋한 모드, 흡수 모드가 되며, 순수하게 맛을 느낄 수 있습니다." 라멘 먹는데 교감신경, 부교감신경까지 이해해야 하나 싶으면서도, 창의적이라는 점에는 수긍이 갑니다.

집중화 전략

이치란은 독특한 라멘집을 만들기 위해 노력합니다. 이는 '집중화 전략'으로 이해할 수 있습니다. 소비자의 기억에서 잊히지 않으려면 특화된 영역을 찾아야 합니다. 우동 전문점보다는 유부우동 전문점, 스시집보다는 우니 전문 스시집, 칵테일 바보다는 모히토 전문 칵테일 바, 양말 전문점보다는 빨간 양말 전문점처럼 말이죠. 분야를 좁히고 좁혀서 '이 분야만큼은 내가 일등이다', 나아가 '이 분야만큼은 나밖에 없다'라는 영역을 확보해야 합니다.

이를 위해서는 버릴 줄도 알아야 합니다. 많은 라멘집이 곁들임 메뉴로 교자나 볶음밥을 팝니다. 이는 곁들임 메뉴를 통해 이익률을 높이려는 전략입니다. 이치란도 이를 모르는 바가 아닙니다. 그렇지만 이치란은 곁들임 메뉴를 포기하는 대신 '돼지뼈 라멘은 이치란'이라는 등식을 만드는 데 집중합니다.

　마이클 포터(Michael Porter)의 논문 〈전략이란 무엇인가?(What is strategy?)〉에는 뉴트로지나(Neutrogena)의 투명 비누 이야기가 등장합니다. 뉴트로지나의 정체성은 '피부와 같은(kind to the skin)' 고급 비누입니다. 이를 유지하기 위해 뉴트로지나는 수많은 것을 버렸습니다. 방향제나 피부유연제 첨가를 포기했습니다. 향기를 좋게 하는 방향제나 피부를 부드럽게 해주는 피부유연제를 넣으면 더 넓은 고객층을 확보할 수 있습니다. 이는 곧 매출 확대로 이어집니다. 하지만 뉴트로지나의 정체성, '투명하다'는 느낌은 사라집니다. 그래서 뉴트로지나는 이 부분을 포기했습니다. 슈퍼마켓 같은 일반 매장에서 물건을 넣어달라는 제의도 거절했습니다. 매출은 늘겠지만, 고급 제품 이미지가 손상되기 때문입니다. 그래서 새로운 유통라인 진출도 포기했습니다. 심지어 생산 효율성마저 포기했습니다. 매출은 늘겠지만, 품질을 유지할 자신이 없었기 때문입니다. 수많은 유혹을 뿌리친 탓에 매출을 급격히 늘릴 수는 없었지만, 고객의 인지도는 확실히 잡을 수 있었습니다. 정체성을 유지하는 데 성공한 겁니다.

　이치란은 '맞춤형 + 돼지뼈 라멘'에 집중해 전 세계 하나밖에 없는 라멘집을 만들었습니다. 라멘의 블루오션을 만들어낸 셈입니다. 누구나 블루오션에 있고 싶어 하지만 그 방법을 잘 모릅니다. 요시토미 마나부 사장은 '숲속에 나무를 심지 말고 사막에 나무를 심으라'고 조언합니다. 숲속에 나무 한두 그루를 심어봐야 눈에 띄지 않습니다. 사막이라면 다릅니다. 사막 한가운데서 나무를 만나면 곧 오아시스가 나올지도 모른다는 기대감에 가슴이 벅찹니다.

당신은 지금 숲속에 있습니까, 아니면 사막에 있습니까? 숲속에서 사막으로 나오려면 무엇을 해야 합니까? 이러한 고민이 블루오션으로 이끌 것입니다.

이치란은 도쿄 주요 지역에 있어 어렵지 않게 매장을 찾을 수 있습니다. 다만 어느 시간대에 가더라도 30분 정도는 줄을 서야 합니다. 라멘의 맛, 이치란만의 시스템 견학을 고려한다면 기다릴 가치는 충분합니다.

이치란 신바시점

一蘭 新橋
東京都港区新橋2丁目8-8 からす亭ビルB1F

16

아코메야

당신의 취향에 집중합니다

∨

∧

#큐레이션   #쌀맛_매트릭스   #스즈키_리쿠조

"쌀이 아니라 한 끼의 행복을 팝니다"라는 카피로 유명해진 긴자의 쌀집 아코메야(Akomeya). 일본어로 쌀집을 뜻하는 '고메야(米屋)' 앞에 '아니다'라는 뜻의 '아'를 붙였습니다. 따라서 아코메야는 쌀을 팔지만 '쌀집이 아니다'라는 뜻이 됩니다. 우리나라 명동처럼 임대료가 어마어마한 긴자 한복판에서 쌀을 팔면서도, 버젓이 '쌀집이 아니다'라고 주장하는 아코메야는 차별화의 정석이란 무엇인지 느낄 수 있는 공간입니다.

저는 아코메야를 방문하면 식당부터 찾습니다. 이 식당에서는 여덟 가지 반찬을 담은 '오늘의 정식'을 판매합니다. 갓 지은 밥 냄새에 반찬 그릇 하나도 예사롭지 않습니다. 같은 반찬도 어떤 그릇에 담느냐에 따라 느낌이 다르지 않습니까? 자그마한 그릇 하나하나에 가지런히 차려진 반찬을 보면, 대접받는 기분이 듭니다.

다만 가격은 비쌉니다. 도쿄 중심가에서 점심 가격대는 일반적으로 1000엔 정도입니다. 그런데 이곳의 점심 정식은 그 두 배가 넘는 2300엔입니다. 여름철 한정으로 차가운 된장국을 판매하는데, 이를 먹으려면 추가로 100엔을 내야 합니다. 우리가

▲ 아코메야 도쿄 본점. ▼ 오전 11시에서 오후 2시 사이에 판매되는 아코메야 정식.

뜨거운 된장국에 익숙한 것처럼 일본인에게 차가운 된장국은 여름에 빠질 수 없는 음식입니다. 비싼 가격에도 불구하고 이 식당은 늘 사람들로 장사진을 이룹니다. 소박하지만 제대로 차려진 한 상을 위해 비싼 가격은 감내하려는 고객이 그만큼 많다는 뜻이겠지요.

쌀 소믈리에

아코메야 매장에서 판매하는 쌀 중 고시히카리(コシヒカリ)는 비싼 품종에 속합니다. 그중에서도 니가타현에서 재배된 것이 다른 것에 비해 좀 더 비싸고, 니가타현에서도 우오누마(魚沼) 지역에서 생산된 것이 가장 비쌉니다. 일반 고시히카리가 1킬로그램에 1000엔 정도이고, 니가타산이 1400엔, 우오누마산이 2000엔입니다(단순 비교는 어렵겠지만 우리나라의 유기농 쌀이 1킬로그램당 5800원 수준입니다). 고급 매장이 많이 들어선 긴자 지역인 만큼 일반적인 쌀도 최고급입니다.

두리번거리며 매장을 둘러보는데 마침 일본인 고객 한 명이 들어왔습니다. 점원에게 쌀을 포장해달라고 합니다. 그 자리에서 10킬로그램의 쌀을 도정해달라는데, 점원의 표정이 살짝 걱정스럽게 바뀝니다. 그러고는 조심스럽게 묻습니다. "혼자 드실 건가요? 아니면 선물하실 건가요?" "제가 혼자 먹을 쌀입니다."

고객의 답변에 판매원은 정중히 소량만 구매할 것을 권유합니다. 쌀은 신선식품이기 때문에 도정 후 바로 먹어야지 며칠 지나면 밥맛이 떨어진다는 설명을 덧붙입니다. 일단 조금만 사서 먹어보고 나머지는 전화로 주문해 우편으로 배송받을 수 있다는 판매원의 안내가 신선한 충격을 줍니다.

그러고 보면 우리나라 사람들은 일본 음식 특유의 맛에 호불

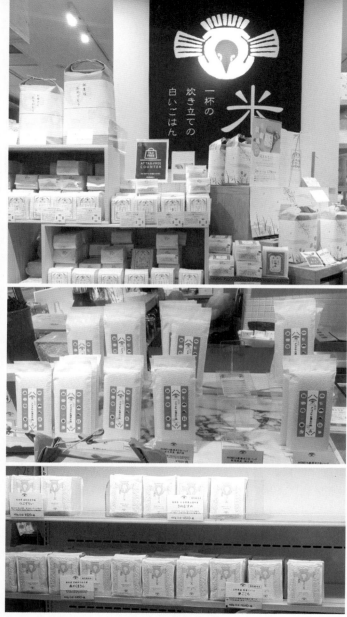

다양한 품종의 쌀을 대용량에서 한 끼 식사 분량까지 세분화해 판매한다.

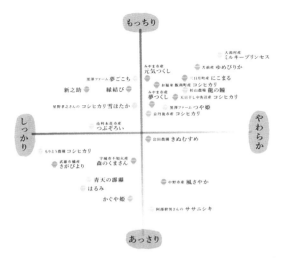

"개성과 기호에 맞는 쌀을 만난다." 내 입맛에 맞는 쌀을 찾아주는 2×2 매트릭스.

호가 갈리긴 하지만 밥맛이 좋다는 데는 대체로 동의합니다. 그런데 이건 쌀 품종의 차이가 아니라 보관의 문제 때문이 아닐지 생각해봅니다.

점원은 그렇게 안내한 후 뭔가 도표가 그려진 종이를 꺼내듭니다. 이 종이가 그 유명한 아코메야의 2×2 매트릭스입니다. 아코메야에서는 쌀의 종류마다 찰진 정도, 부드러운 정도에 따라 2×2 매트릭스를 그려 고객의 취향에 따라 선택할 수 있도록 안내합니다. 이를 보고 있으면 쌀 마케팅의 끝판왕을 보는 느낌이 듭니다.

라면을 끓일 때, 설익은 면을 좋아하거나 푹 삶은 면을 원하거나 하는 것은 선호의 문제입니다. 신라면이 아무리 많이 팔리더라도 팔도라면이나 오뚜기라면을 고집하는 고객은 있기 마련이죠. 쌀도 마찬가지입니다. 고시히카리가 아무리 비싸다 하더라도 모두의 입맛에 맞는 것은 아닙니다. "나는 고시히카리보다 히도메보레(쌀 품종 이름)가 마음에 들어." "나는 밀키퀸(쌀 품종 이름)만 먹어."

쌀은 품종에 따라 미묘한 맛의 차이를 가집니다. 따라서 고객한 명 한 명의 취향을 존중하려면 그만큼 세심한 노력이 필요합니다. 아코메야는 2×2 매트릭스 같은 도구를 활용해 고객이 취향에 맞는 쌀을 선택할 수 있도록 노력하고 있습니다.

때로는 너무 종류가 많아 어떤 쌀을 구입할지 망설이는 고객도 있을 겁니다. 이에 대비해 아코메야에는 '고객이 가장 많이 찾는 쌀 베스트 3', '아코메야가 추천하는 쌀 베스트 3' 등 결정에 어려움을 겪는 고객의 고민을 덜어주는 매대도 있습니다. 이 큐레이션의 법칙은 눈여겨볼 필요가 있습니다. 외부의 관점에서 매출 상위 세 가지, 내부의 관점에서 추천 상위 세 가지를 큐레이션의 기본으로 합니다. 이는 어느 분야든 적용 가능한 원칙입니다.

"평생 아침밥을 함께 먹고 싶습니다"

아코메야는 고객의 니즈가 발현되기에 앞서 흥미로운 상품을 제안하기도 합니다. 예를 하나 들어보겠습니다. 2017년 말 아코메야는 신상품으로 300그램 분량의 소포장 쌀을 내놓았습니다. 이전까지 가장 작은 포장 단위는 450그램. 왜 더 작은 사이즈가 나왔을까요? 일인 가구를 위한 소량판매 시장을 노린 걸까요? 이렇게만 해석하면 재미가 없습니다.

곡물의 부피를 재는 단위로 동양에서는 홉(合)을 써왔습니다. 한 홉은 180밀리리터 정도인데, 보통 한 끼 식사량에 해당합니다. 쌀 한 홉은 대략 150그램입니다. 450그램은 세 끼에 해당합니다. 300그램은 두 끼 분량이지요. 왜 아코메야는 300그램 단위의 소포장 쌀을 판매하고 또 고객들은 이를 구매하는 걸까요? '두 끼'에 힌트가 있습니다. 바로 '함께' 행복한 한 끼를 지어 먹자는 의미입니다.

발렌타인데이, 화이트데이 같은 기념일에 연인들은 초콜릿이나 사탕을 선물합니다. 일본에서는 이날 쌀도 선물합니다. 물론 그 의미는 조금 남다릅니다. '나는 당신을 사랑합니다. 달콤하지만 짧은 사랑이 아니라 평생의 사랑을 원합니다. 당신과 함께 평생 아침밥을 먹고 싶습니다.' 어떻습니까? 꿈보다 해몽이라고 하지만 고객의 시선을 사로잡기에 충분합니다.

아코메야에서는 제품 포장방식도 재미있습니다. 450그램짜리 포장 쌀을 열 개 이상 구매하면 쌀 포장에 이름을 새겨줍니다. 누군가에게 선물을 한다면 받는 사람이 오랫동안 기억할 선물을 하고 싶을 겁니다. 아코메야는 어떻게 하면 손님이 자발적으로 지갑을 열지를 끊임없이 고민하고 토론해, 선물하는 사람

아코메야의 비즈니스 모델은 쌀 판매가 아니다. 쌀 판매로 파악한 소비자 취향 데이터를 분석해 자체 브랜드 상품 라인을 확충하는 데 힘을 쏟고 있다.

의 이름이 새겨진 쌀 상품을 만들어낸 것입니다.

그런데 아코메야 매장을 둘러보다가 문득 수익성이 궁금해졌습니다. 아무리 기발한 상품이라 할지라도 일본에서 가장 임대료가 비싼 긴자에서 쌀을 팔아 수익이 날까요? 이익이 거의 없다면 고객의 관심을 모은다 해도 좋은 사업이 아닙니다.

아코메야 측의 답변이 흥미롭습니다. 약간의 수익을 내고 있지만 다른 업체들이 매력을 느낄 정도는 아니라는 겁니다. 그러면 왜 사업을 계속하는 것일까요?

바로 소비자의 취향을 파악할 수 있기 때문이랍니다. 아주 박한 이익을 유지하면서 '한 끼'와 관련한 데이터가 모이는 플랫폼 역할을 아코메야가 한다는 것입니다. 2013년 문을 연 아코메야는 이처럼 관련 데이터를 축적해 사이다, 소바, 다시 등 자체 브랜드 상품 라인을 확장하고 있습니다. 플랫폼 비즈니스의 본질을 잘 이해하고 있는 셈입니다.

설렘을 파는 사자비 리그

아코메야를 만든 이는 스즈키 리쿠조(鈴木隆三)입니다. 우리나라에서도 익히 유명세를 타고 있는 사자비 리그(Sazaby League)의 창업자이기도 하죠. 1943생인 그는 고등학교 때부터 요트 타기가 취미일 정도로 취향이 남달랐다고 합니다. 20대 후반은 유럽에서 어슬렁거리며 보냈습니다. 젊음을 낭비한 것처럼 보이지만 스스로 그렇게 생각하지 않았나 봅니다. 유럽에서 당시 일본과 유럽의 격차를 몸소 느끼며 유럽의 어느 제품, 어느 브랜드를 일본에 가져오면 성공할 수 있을지 안목을 키웠습니다.

1972년 그는 사자비를 창업하고 1981년 생활용품 브랜드 애프터눈 티(Afternoon Tea)를 수입합니다. 1995년 스타벅스를 일본에 들여온 것도 스즈키입니다. 스타벅스의 성공에 힘입어 회사는 급속도로 성장합니다. 초창기만 해도 내부 경영진은 스타벅스의 일본 사업권에 대한 우려가 컸다고 합니다. 높은 가격대의 커피를 테이크아웃하여 들고 다닐 가능성을 희박하게 본 것입니다. 하지만 스즈키의 생각은 달랐습니다.

"로고가 멋지지 않나? 이 정도라면 사람들이 스타벅스 로고가 박힌 종이컵을 들고 다니는 것을 하나의 패션으로 생각할 거야." 그의 확신은 성공으로 이어졌습니다.

사자비 리그는 아코메야를 비롯해 40여 개 브랜드를 보유하고 있습니다. 그중 절반은 수입, 절반은 자체 개발 브랜드입니다. 이들은 자신들을 '그룹'이 아니라 '리그'라고 표현합니다. 풋볼 리그, 메이저 리그처럼 다채로운 사업을 하는 팀이 존재하고, 각자의 분야에서 최고의 존재가 되겠다는 의미입니다.

우리에게 익숙한 쉐이크쉑 버거(Shakeshack Burger), 플라잉 타이거(Flying Tiger)도 사자비 리그의 수입 작품입니다. 들여오는 제품의 시장 정착률이 높다 보니, 많은 글로벌 브랜드가 일본에 진출할 때 사자비 리그와 합작하길 원합니다. 지금도 매달 40건 정도의 제휴 제안이 들어오는데 그중 연간 대여섯 건 정도를 진행해, 최종적으로 1~2년에 한 건 정도의 브랜드를 론칭한다고 합니다. 유명 브랜드라고 해서 무작정 들여오는 것이 아니라 신중에 신중을 기한다는 뜻이죠. 그래서 사자비 리그가 새로운 브랜드를 론칭한다는 사실 자체가 일본에서는 뉴스거리가 됩니다. 입소문으로 기본 매출 물량은 깔고 가는 셈입니다.

다양한 사업을 영위하고 있지만 사자비 리그의 전체 사업을 꿰뚫는 핵심은 하나입니다. 바로 '설렘'입니다. 자신들이 운영하는 모든 브랜드는 고객을 설레게 할 수 있어야 한다는 것. 아코메야에서도 고객이 쌀을 구매하는 게 아니라 한 끼의 행복이라는 설렘을 구매하도록 만들겠다는 그들의 경영철학이 새삼 느껴집니다.

아코메야에 가려면 지하철 긴자선, 히비야선, 마루노우치선을 타고 긴자온초메역에서 내립니다. A10 출구로 나오면 와코 백화점이 보입니다. 북쪽 방향으로 올라갑니다. 애플 스토어, 샤넬 매장이 보이면 옳게 가고 있는 겁니다. 그 방향으로 쭉 걷습니다. 토라야(Toraya)라는 모자가게를 지나면서 좌회전합니다. 작은 네거리를 세 번 지나면 패밀리마트가 보입니다. 여기서 다시 좌회전하면 긴자 아코메야가 보입니다.

아코메야 도쿄 본점

Akomeya Tokyo
東京都中央区銀座2丁目2-6

17

사자 커피

커피보다 맥락

#브랜드_연상 #쇼군이_마신_커피 #스즈키_요시오

커피와 관련된 유명인으로 누가 있을까요? 커피 애호가이자 '커피 칸타타'를 작곡한 바흐, 하루에 40~50잔의 커피를 마신 것으로 유명한 계몽사상가 볼테르가 떠오릅니다. 우리나라에는 차(커피)와 음악을 즐기던 근대 공간 정관헌(靜觀軒)을 남긴 고종이 있습니다. 그리고 일본에서는 에도막부의 마지막 쇼군 도쿠가와 요시노부(德川慶喜)가 커피 애호가로 알려져 있습니다.

2017년 9월 마지막 쇼군의 마지막 직계 후손인 도쿠가와 요시토모(德川慶朝)가 세상을 떠납니다. 고종의 증손자 사망 소식이 우리 언론의 주목을 끌었듯, 일본에서도 도쿠가와 요시토모의 사망이 주요 기사로 다뤄졌습니다. 특히 2017년은 대정봉환(大政奉還, 쇼군이 천황에게 정권을 반납한 사건으로 이듬해 메이지유신으로 이어짐) 150주년인 해라 마지막 쇼군에 대한 관심이 꽤 높았습니다.

부고 기사에는 이런 내용이 실려 눈길을 끌었습니다. "이바라키현의 커피업체와 제휴하여, 도쿠가와 쇼군 커피(德川将軍珈琲)를 재현했던"이라는 문구입니다. 당시 그 기사를 읽은 저는 마지막 쇼군의 직계 자손과 쇼군 커피 사이에 어떤 사연이 숨어 있는지 궁금해졌습니다.

쇼군 커피

일본 공영방송국 NHK는 1963년부터 매년 '대하드라마'라는 이름으로 사극을 방송하고 있습니다. 1964년에는 최고 시청률 53퍼센트를 기록하기도 했지요. 매체가 다양해지면서 지금은 시청률이 예전보다 많이 떨어졌지만 최소 10퍼센트 이상은 보장되는 일본 '국민드라마' 시리즈입니다.

그러던 1998년에 마지막 쇼군을 다룬 〈도쿠가와 요시노부〉가 방영됐습니다. 이 드라마에서 흥미로운 아이디어를 떠올린 이가 있으니, 바로 스즈키 요시오(鈴木譽志男) 사자 커피(Saza Coffee) 회장입니다. 드라마에는 도쿠가와 요시노부가 1867년 구미 공사들과의 만찬에서 커피를 대접하는 장면이 나옵니다. 스즈키 회장은 이에 착안해 쇼군 이름을 넣은 커피 브랜드를 구상합니다.

스즈키 회장의 부친은 1942년부터 도쿄에서 기차로 두 시간 거리인 이바라키현의 작은 마을에서 영화관을 운영했습니다. 세월이 흐르면서 도시로 사람이 몰리자 지방 극장의 경영은 갈수록 어려워집니다. 고육지책으로 내놓은 아이디어가 1969년 극장 한편에 커피숍을 차리는 것이었습니다. 스즈키 회장과 커피의 인연은 이렇게 시작됐습니다.

커피 사업에 본격적으로 뛰어들기 전에 스즈키 회장은 영화

쇼군 커피의 유래와 핸드드립으로 쇼군 커피를 마시는 법을 소개한 팸플릿. 왼쪽 상단의 인물이 도쿠가와 요시노부의 증손자이자 쇼군 커피를 개발한 도쿠가와 요시토모.

프로듀서로 일했습니다. 아무리 작품성이 뛰어난 영화라도 화제성이 없으면 관객이 찾지 않는다는 점을 그때 깨달았다고 합니다. 화제성, 즉 스토리텔링은 그에게 제품의 성패를 가르는 기준이 되었습니다. 그런 그는 쇼군 이름이 들어간 커피가 분명 큰 화제를 불러일으키리라 예감했습니다.

개인적인 이유도 있습니다. 도쿠가와 요시노부의 부친은 막부시대 이바라키현을 다스린 가문의 9대 당주였습니다. 이바라키현 출신이 쇼군이 되었으니 지역 사람들도 어느 정도 마지막 쇼군에 대한 연민의 감정을 갖고 있었습니다. 스즈키 회장도 이바라키현이 고향입니다. 자기 고향 출신의 쇼군을 브랜드로 만드는 것은 더욱 뜻깊은 일이라 여겼습니다.

맥락을 연결하라

막부 말기, 전 세계 커피 유통의 60퍼센트는 네덜란드가 맡고 있었다고 합니다. 특히 네덜란드의 식민지였던 인도네시아가 커피 생산지로 유명했습니다. 이런 역사에 착안에 스즈키 회장은 '도쿠가와 쇼군 커피'의 원재료로 인도네시아산 최고 원두인 만델링(Mandheling)을 선택합니다.

스토리에는 진정성이 담겨야 합니다. 스즈키 회장은 제품에 진정성을 담기 위해 요시노부의 증손자인 요시토모를 찾아갑니다. 요시토모는 프리랜서 카메라맨이자 도쿄에서도 첨단 유행 지역인 아오야마(青山)에 단골 커피숍이 있을 정도로 커피 마니아였습니다. 스즈키 회장은 그에게 '쇼군 요시노부와 커피'라는 주제로 강의를 부탁합니다. 사정상 강연료는 많이 줄 수 없지만, 대신 커피콩만큼은 넘칠 만큼 주겠다고 제안합니다. 이 대목에서 요시토모가 감동합니다. 커피 마니아에게는 돈보다 커피콩이 훨씬 매력적이니까요.

이후 요시토모와 스즈키 회장은 함께 쇼군 커피를 개발하기

사자 커피 회장 스즈키 요시오.

로 마음먹습니다. 요시토모의 모친이 돌아가신 뒤에는 아예 이
바라키현으로 거주지를 옮깁니다. 둘은 한잔의 커피를 만들 때
어느 정도의 커피콩을 넣으면 좋을지 다양한 실험을 합니다. 일
반적으로 레스토랑에서는 7그램, 카페에서는 10그램을 사용합
니다. 사자 커피는 15그램을 씁니다. 쇼군 커피를 개발할 때에는
최대 60그램의 커피콩을 사용해보기도 했습니다. 원두를 많이
쓰는 만큼 맛은 풍부해졌지만, 커피 한잔에 이만큼의 콩을 사용
한다면 비용을 당해낼 재간이 없습니다. 그럼에도 이런저런 실
험을 해가며 맛을 개발했습니다. 하긴 증손자 입장에서는 증조
할아버지의 명예가 걸린 일이니 함부로 할 수 없었겠지요.

"증조할아버지가 마시던 커피를 증손자가 재현했다!" 도쿠가
와 쇼군 커피는 이렇게 시작부터 탄생까지 멋진 스토리를 한가

득 안고 만들어졌습니다. '마지막 쇼군 ➡ 커피 ➡ 쇼군 커피'로
이어지는 스토리를 내세워 일본에서 인기를 모으기에 이릅니다.

브랜드 연상을 활용한 이름 짓기, '차좌끽다'

스즈키 회장은 마케터답게, 흥행사답게, 브랜드의 중요성을
일찌감치 깨닫고 있었습니다. 브랜드 이름을 지을 때에도 고민
에 고민을 거듭했습니다. 왜 이 이름을 골랐는지, 그 이름에 어
떤 스토리가 담겨 있는지, 창업자의 경영철학이 제대로 반영되
어 있는지 스스로를 설득할 수 있어야 했습니다. 자기 자신조차
납득이 안 가는데, 다른 사람을 설득한다는 것은 있을 수 없는
일이니까요.

최종적으로 '차좌끽다(且座喫茶)'라는 단어를 골랐습니다. 이
단어는 중국 당나라 말기 고승인 임제의현(臨済義玄)의 글에서
비롯했다고 합니다. "자, 앉아서 차라도 한잔하시죠"라는 뜻입
니다. 얼핏 간단해 보이는 단어이지만 나름 심오한 뜻을 지니고
있답니다. 세상의 번잡함을 내려놓고 차 한잔의 여유를 즐기라
는 의미입니다. 이 말 뜻을 반영하듯 사자 커피에는 시계가 없습
니다. 도쿄에는 시나가와역, 도쿄역에 사자 커피 점포가 있는데,
종종 기차를 놓치는 손님도 있다고 종업원이 웃으며 말합니다.

그런데 '차 한잔의 여유'라는 콘셉트에는 '비싼 가격'이라는
마케팅 전략이 숨어 있습니다. 커피를 마시는 장면은 크게 두 가
지로 나뉩니다.

평일 점심 후 커피 한잔

테이크아웃을 하거나, 커피숍 안에서 마셔도 15분이면 충분합니다. 일본에서 이 시장은 잔당 300엔을 넘지 않습니다. 일본 스타벅스에서도 드립커피를 280엔에 마실 수 있습니다. 퀄리티가 뛰어난 편의점 커피가 100엔에 포진하고 있어 가격을 높이기 힘듭니다.

주말의 여유로운 커피 한잔

최소한 한 시간 이상 머무르며 독서를 하거나 여유로운 분위기를 즐깁니다. 커피뿐만 아니라 공간을 사는 개념도 포함됩니다. 이때 커피 가격은 잔당 600~700엔도 가능합니다.

스즈키 회장은 두 번째 시장을 겨냥했습니다. 1972년부터 본격적으로 고급 커피 시장을 공략합니다. 그리고 1974년에는 원두를 직접 로스팅하는 자가배전(自家焙煎)을 시작합니다. 그는 당시 '커피업계의 바이블'로 불리던 《월간 찻집경영(月刊 喫茶店経営)》에 실린 긴자의 노포, 카페 드 랑브르(Cafe de L'Ambre) 대표로부터 '자가배전'이라는 용어를 처음 접했습니다. 앞으로 자가배전이 주류로 부상하리라는 확신을 갖고 그때부터 자가배전을 시작한 것이죠. 이후에는 독학으로 커피 맛을 끌어올리기 위한 각종 혁신을 시도하고 마케팅에도 관심을 가졌습니다. 그

1 사자 커피 킷테점.

2 커피 외에도 고가부터 저가까지 다양한 가격대의
   원두와 로스티드 커피를 판매하고 있다.

3 사자 커피 바리스타. 사자 커피에서는 다양한 핸드
   드립 방식으로 추출한 커피를 맛볼 수 있다.

혁신과 마케팅의 결실이 바로 도쿠가와 쇼군 커피까지 이어집니다.

연상 전략을 활용한 고급화

스즈키 회장은 1991년 브랜드 이름을 '사자 커피'로 바꿉니다. 차좌(且座)의 일본어 발음인 '사자'에다가, 커피에 집중하겠다는 의미로 '커피'를 붙인 것이죠. (동물 사자가 아닙니다!) 커피숍을 처음 열었던 극장은 1984년 경영난으로 문을 닫지만 커피숍만은 성업을 해서 영화관 자리에 사자 커피 본점이 들어섭니다. 이곳은 지금도 커피와 원두를 판매하고 있습니다.

사자라는 단어에서 일본인들은 자연스레 '차좌끽다'라는 용어를 연상합니다. 이는 곧 참선하는 분위기, 편안함과 여유로움으로까지 연결되어 기꺼이 높은 금액을 지불하도록 만듭니다. 이는 데이비드 아커(David Aaker) 교수가 말한 '브랜드 연상(brand association)' 효과를 떠오르게 합니다.

브랜드 연상은 브랜드와 관련해서 떠오르는 모든 기억을 지칭합니다. 맥도날드라고 하면 무엇이 떠오르나요? 아치형 M, 어릿광대, 햄버거, 즐거움, 어린이, 가족, 생일파티…… 그리고 부정적인 측면에선 정크푸드, 건강에 안 좋다는 것 등이 떠오를 겁니다. 고객은 특정 브랜드 이름을 들으면 긍정적이든 부정적이든 일정한 태도와 감정을 지니게 됩니다. 긍정적이면 구매 동기가 생기고, 부정적이면 피하게 되죠.

예를 하나 더 들어볼까요. '말보로(Marlboro)' 하면 무엇이 떠오릅니까? 과거 미국에서 이런 질문을 던졌을 때 가장 많이 나온 답변은 '말보로 맨'이었습니다. 질문에 답한 고객들에게 생각에 꼬리를 달아 연상을 이어가라고 하니 '말 탄 카우보이', '대자연' 등으로 연결됐다고 합니다. 이처럼 서부시대의 강한 남성 이미지가 말보로와 연결되어 말보로는 남성 애연가들 사이에서 인기가 많습니다.

다음으로 많이 나온 답변이 '빨간색'입니다. 말보로는 강한 인상을 주기 위해 빨간색을 썼는데, 고맙게도 고객이 잘 기억합니다. 그런데 이 연상이 문제입니다. 생각에 꼬리를 물라고 했더니 '빨간색', '강하다', '맛이 강하다', '맛이 독하다', '건강에 해롭다'로 이어지면서 매출이 감소합니다. 이후 말보로는 빨간색의 '말보로 레드' 대신에 연한 녹색의 '말보로 라이트'를 전면에 내세워 매출 감소를 막았습니다.

이처럼 이름을 들었을 때 어떤 이미지를 연상하느냐에 따라 매출이 늘기도 하고 줄기도 합니다. 자신의 회사 이름을 들었을 때 어떤 이미지가 떠오르는지요? 좋은 이미지인가요, 나쁜 이미지인가요? 좋은 것을 키우고 나쁜 것을 줄이는 것, 이것이 브랜드 전략의 기본입니다. 일본에는 '사자 커피 = 고급'이라는 이미지가 형성되어 있습니다. 도쿠가와 쇼군 커피, '차좌끽다'가 시너지를 내며 고가 전략이 제대로 작동한 것이죠.

사자 커피는 본고향인 이바라키현에 열 개의 점포를 운영하고 있습니다. 일본에서는 매년 바리스타 경진대회를 개최하는데, 어떤 해에는 상위 2·4·5위를 사자 커피 출신이 차지하곤 합니다. 그만큼 실력 있는 회사입니다.

도쿄에도 사자 커피 지점이 있습니다. 그중 도쿄역 부근 킷테점이 가장 접근성이 좋습니다. 도쿄역에 내려 남구(南口) 쪽으로 나옵니다. 지하철로 가든지 지상으로 가든지 남구 방향 표시는 잘되어 있습니다. 출구를 나오면 바로 킷테가 보입니다. 여기 1층에 사자 커피가 있습니다. 이곳에서는 도쿠가와 쇼군 커피와 함께 카스텔라도 판매합니다. 기회가 된다면 한잔의 커피를 마시며 '브랜드 연상'을 천천히 음미해보기 바랍니다.

사자 커피 킷테 마루노우치점
サザコーヒー Kitte丸の内
東京都千代田区丸の内2丁目7-2 JPタワーKITTE

18

D47 식당

일본을 편집하다

∨

∧

#대의_마케팅 #지역_음식_모두_모여라 #나가오카_겐메이

가뜩이나 볼거리가 많은 시부야에 2012년 '시부야 히카리에 (Shibuya Hikarie)'라는 또 하나의 명소가 탄생했습니다. 2017년 4월 긴자식스 개장식 때 2500명의 인파가 몰렸다고 해서 화제였는데 시부야 히카리에 개장식에는 4000명 넘게 몰렸다고 하니, 당시의 기대가 어느 정도였을지 짐작이 갑니다.

도심에 새로운 건물이 들어서려면 기존의 노후한 건물을 허물고 지어야 합니다. 히카리에가 들어선 자리에도 원래는 도큐 문화회관(東急文化会館)이 있었습니다. 1956년 오픈한 도큐 문화회관은 당시 시대를 앞서는 라이프스타일을 제안한다는 자부심이 대단했습니다. 그런 DNA를 이어받아 시부야 히카리에도 '문화 발신기지', '새로운 가치를 창조하는 플랫폼'을 지향합니다. 건물 중심부에 도큐 시어터 오르브(Tokyu Theatre Orb)라는 뮤지컬 전용극장을 설치한 것도 그러한 이유입니다.

히카리에에서 우리가 눈여겨볼 곳은 8층에 있는 d47입니다. d47은 뮤지엄, 디자인 트래블 스토어, 식당 등 세 개 공간으로 구성되어 있습니다. 여기서 '47'은 일본의 47개 행정구역을 의미합니다. 일본 행정구역은 도쿄도, 홋카이도, 오사카부, 교토부

그리고 43개의 현으로 구성되어 있습니다. 우리나라가 16개의 시도(市道)로 이뤄졌듯이 말이죠. 지역별로 고유의 숫자가 할당되어 있습니다. 가장 북쪽이 1번 홋카이도, 가장 남쪽이 47번 오키나와현입니다. 북쪽에서 남쪽으로 내려가면서 숫자가 올라갑니다. 도쿄도가 13번, 교토부가 26번, 오사카부가 27번이니 이를 기준으로 지역의 위치를 어림짐작할 수 있습니다.

나가오카 겐메이의 꿈

d47을 꾸민 사람은 나가오카 겐메이(ナガオカ ケンメイ, 야구선수 이치로처럼 이름을 가타카나로 표기)입니다. 하라 겐야와 함께 일본 디자인 센터(Nippon Design Center)에서 일한 겐메이는 2000년 디앤디파트먼트(D&Department)를 세웁니다. 아무 부담 없이 왔다가 무심코 손에 든 물건이 모두 '멋진 디자인 상품'인 곳. 꼭 필요하면서 '디자인도 멋진' 물건을 파는 곳. 이런 공간을 만드는 것이 그의 꿈이었습니다. 그래서 회사 이름을 '디자인'과 '백화점'을 합쳐 '디앤디파트먼트'로 지었습니다.

디앤디파트먼트는 수명이 긴 디자인 제품을 좋은 제품이라고 말합니다. 일본이 막 산업화되던 1960년대 제품 중에는 지금 봐도 세련된 것이 많습니다. 겐메이는 그때 디자인된 제품을 재해석해 대중에게 선보입니다. 이건 무슨 뜻일까요? 싫증나기 쉬운 디자인으로 제품을 교체하는 우를 범하지 말고 오래 봐도 질리지 않는, 볼수록 정감이 가는 디자인을 구사하라는 의미입니다.

일본 지역 상품과 디자인을 결합해 디앤디파트먼트를 창업한 나가오카 겐메이.

또한 같은 제품을 오래 사용해 환경을 보호하자는 의미도 담겨 있습니다.

47개 행정구역을 지닌 일본은 지역마다 편차가 심합니다. 도쿄는 파리·런던·뉴욕과 경쟁하는 도시로 성장했지만 시골에 가보면 여기가 일본 맞나 싶을 정도로 낙후된 지역도 있습니다. 겐메이는 이런 지역 간 편차를 극복하기 위해 지역별로 좋은 상품과 서비스를 소개하는 일을 하고 있습니다.

그 일환으로 행정구역마다 디앤디파트먼트라는 공간을 만들고 있습니다. 각 지역의 디앤디파트먼트는 해당 지역에서 기획된 디자인 제품 중 도쿄의 눈높이에 맞는 제품을 선정합니다(물론 나가오카 겐메이가 고른다는 뜻입니다). 카페도 함께 운영합니다. 그래야 손님들이 오래 머물겠지요. 입지도 중요합니다. 디앤디파트먼트는 새로 지은 건물에 들어가지 않습니다. 가능한 한 오래된 건물, 예전부터 있던 건물에 입점합니다. 건물을 재활용하겠다는 의지입니다. 또한 도심지에서 떨어진 곳에 입점하는 것을 원칙으로 합니다. 손님이 '일부러' 찾아올 만큼 매력적인 공간을 만들어 단골을 늘리겠다는 포부가 담겨 있습니다.

또한 정부 지원금을 받으면 안 된다고 합니다. 자기 돈으로 운영해야 사활을 걸고 임할 테니까요. 자신의 이익을 넘어 지역의 이익을 생각하도록 공부하는 모임과 교류회를 운영하기도 합니다. 요약하자면 '제품 조달은 나가오카 겐메이의 이름을 걸고 제대로 할 테니, 사업장 운영은 각자 최선을 다해서 해달라'가 되겠습니다. 이 점포는 열두 곳(일본 내 열 곳, 해외 두 곳) 운영되고 있는데, 그중 하나가 도쿄의 d47입니다.

육감 마케팅

그럼 d47을 한번 둘러보겠습니다. d47 뮤지엄에서는 주로 상품 전시회를 갖습니다. 전시는 두 가지 유형입니다 먼저 47개 지역 가운데 한 곳을 골라, 집중 소개하는 전시회입니다. 도쿄도면 도쿄도, 홋카이도면 홋카이도처럼 말이죠. 전시회 때는 반드시 전시회와 연관된 책을 함께 만듭니다. 이 책은 기존 관광안내 책자와 무엇이 다를까요?

나가오카 겐메이가 만든 책은 그의 안목이 고스란히 녹아 있습니다. 디자이너의 관점에서, 본인이 추천하는 해당 지역의 호

群馬県の観光をデザインの視点からみる

d design travel
GUNMA EXHIBITION

2017.10.13 fri – 11.26 sun
Open: 11:00 – 20:00
入場無料

디앤디파트먼트에서는 정기적으로 일본의 한 지역을 선정해 디자인과 품질이 우수한 제품을 전시, 판매한다. 사진은 2017년 10~11월에 열린 군마현 전시회.

텔·식당·상점을 소개합니다. 모두 그 지역의 개성이 강하게 담긴 곳입니다. 예를 들어 도쿄도에서 추천하는 호텔도 글로벌 호텔 체인이 아니라 도쿄도 변두리에 있지만 오랜 역사를 지닌 장급 여관을 추천하는 식입니다.

다른 전시회는 특정 주제를 중심으로 47개 지역의 대표 상품을 모아 소개합니다. 2019년 봄철에는 '발효'가 주제였습니다. 히로시마현의 식초, 도야마현의 오징어먹물 젓갈처럼 각 현의 대표 발효 상품이 소개됩니다. 이런 전시를 하면 발효 관련 47개 상품(생산자) 네트워크가 형성됩니다.

겐메이의 안목을 거쳐 '지역마다 하나의 품목'만 전시되니, 전시된다는 사실만으로 브랜드 가치가 올라갑니다. 또 전시가 끝나면 한 권의 책으로 출간됩니다. 그 뒤에는 생산자 네크워크를 통해 서로 정보를 주고받는 일도 생깁니다. 겐메이는 이런 점까지 고려해 전시를 개최합니다. 지역을 소개하는 전시가 연 3~4회, 특정 주제를 중심으로 한 전시가 연 5~6회 열립니다. 각 전시는 5~6주 동안 진행됩니다. (47개 행정구역을 소개하는 행사는 2019년 7월까지 24회 열렸습니다.)

d47 디자인 트래블 스토어는 발간된 책과 앞선 전시에서 높은 관심을 모은 제품을 구입할 수 있는 곳입니다. 초창기에는 살 만한 제품이 많지 않았습니다. 겐메이가 보기에 의미 있는 상품이라고 해서, 모두 대중적으로 팔릴 만한 것은 아니겠지요. 그런데 시간이 흐르다 보니 점점 살 만한 제품이 늘어났고, 상품들이 서로 경쟁하다 보니 결국 잘 팔리는 상품만 남았다고 합니다. 이제는 도쿄의 다른 상점에서는 찾아볼 수 없고 현지에 가야 구입할 수 있는 독특한 상품이 있는 매장이라는 입소문으로 인기를 모으고 있습니다.

마지막으로 식당을 볼까요? d47 식당에서는 각 지역의 대표 먹거리를 테마로 한 정식이 철마다 바뀌어 판매됩니다. 2019년 7월 초의 메뉴를 예로 들면, 오사카부 남쪽, 해산물이 유명한 와카야마현의 대표 정식으로 잔멸치 덮밥, 우동 마을로 유명한 가가와현의 대표 정식으로 큰 멸치가 한 마리 들어간 멸치우동이 나왔습니다. 꽁치가 많이 잡히는 시마네현 정식은 꽁치구이, 돈가스의 고장 아이치현 정식은 된장 돈가스, 역시 해산물이 유명한 나가사키현 정식은 전갱이튀김을 주 요리로 제공합니다. 식재료 가운데 수입산은 당연히 없습니다.

메인 음식뿐만 아니라 일본 전역의 자가 생산 맥주, 일본산 와인과 감귤 주스 등 음료도 특색 있게 구비되어 있습니다. 일본답게 조금씩 맛볼 수 있는 비교 세트도 판매합니다. 저는 감귤 주스 비교 세트를 주문했습니다. 감귤이 가장 유명한 지역은 에히메현입니다. 이 지방에서 재배한 감귤로 만든 주스가 두 종류, 여기에 와카야마현에서 재배한 감귤로 만든 주스 한 종류를 추가해서 세 가지 맛을 비교할 수 있는 세트입니다.

결국 뮤지엄에서 눈으로 보고(시각 충족), 디자인 트래블 스토어에서 구매하고(추억 충족), 식당에서 식사를 하는(미각 충족), 오감을 뛰어넘는 육감 마케팅을 진행하는 곳이 d47입니다.

대의 마케팅의 살아 있는 교과서

d47은 공간 자체도 매력적이지만 저에게는 그들이 하는 일이 의미 있게 와닿았습니다. 환경과 지역, 그리고 오래된 디자인을

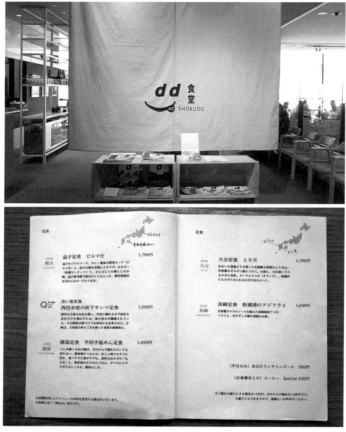

d47 식당에서는 철마다 각 지역의 특산물을 활용한 음식을 제공한다.

살리고자 철학이 담겨 있기 때문입니다. 이것이 바로 살아 있는 '대의 마케팅(cause marketing)'입니다.

머리말에서 이야기했듯 브랜드 충성도가 높은, 칭송받는 브랜드는 그렇지 않은 브랜드보다 이익이 평균 아홉 배나 높습니다. 칭송받는 브랜드가 되기 위한 가장 큰 조건이 존경받는 브랜드가 되는 것입니다. 존경은 창업자의 철학에서 나옵니다. 그런 점에서 디앤디파트먼트도 나가오카 겐메이를 통해 칭송받는 브랜드의 길을 걷고 있는 셈입니다. d47 식당에서 음식을 먹으며 대의 마케팅에 대해 생각해보기 바랍니다.

d47 식당은 좌석이 60석 비치되어 있습니다. 다만 30분 이상 줄 서기는 늘 각오해야 합니다. 시부야역 15번 출구에 연결된 시부야 히카리에 8층에 있습니다. 16번 출구 쪽에는 프레세 시부야 델리 마켓이 있으니 함께 둘러보면 경제적입니다.

d47 식당

d47食堂
東京都渋谷区渋谷2丁目21 渋谷2丁目21-1-8F ヒカリエ

19

츠타야 안진
당신의 라이프스타일을 존중합니다

∨

∧

#플랫폼_비즈니스   #입구에_걸린_그림   #마스다_무네아키

영국인 윌리엄 애덤스(William Adams, 1564~1620)는 어린 시절부터 대항해를 동경했습니다. 네덜란드에서 극동지역으로 가는 배의 선원을 모집한다는 공고를 보자 망설임 없이 지원합니다. 총 다섯 척으로 구성된 선단은 온갖 고난을 겪다가 우여곡절 끝에 단 한 척만이 일본에 도착합니다. 1600년의 일입니다.

당시 일본에 있던 천주교 소속의 예수회 선교사들은 이들의 즉각적 처형을 요구했습니다. 이 무렵 유럽은 구교도(천주교)와 신교도(개신교)가 극심하게 대립하던 시절입니다. 구교도인 예수회 입장에서는 신교도인 네덜란드와 영국 사람이 적군이었던 셈이죠.

그런데 일본 정부의 생각은 달랐습니다. 그들을 등용해 통역사와 기하학·수학·항해술 교사로 대우합니다. 윌리엄 애덤스도 도쿠가와 막부에 등용된 후 미우라 안진(三浦按針)이라는 일본 이름까지 받습니다. '미우라'는 도쿠가와의 영지명입니다. '안진'은 그의 직업이던 항해사를 뜻합니다. 이후 이방인 애덤스는 미우라 안진으로 일생을 살아갑니다.

400여 년이 흘렀습니다. 미우라 안진의 이름이 다이칸야마(代

官山)의 카페 이름으로 부활했습니다. 츠타야(Tsutaya)의 창업자로 유명한 마스다 무네아키(增田宗昭)에 의해서 말이죠. 그는 '윌리엄 애덤스가 1600년대 초반 일본에서 바닷길을 안내했던 것처럼, 2000년대 초반에는 우리가 일본인의 라이프스타일 방향을 안내하고 싶다'는 바람을 담아 카페 이름을 안진(Anjin)으로 지었다고 합니다. 카페 안진을 방문하기 전에 우선 우리에게도 익숙한 츠타야와 마스다 무네아키에 대해 알아보겠습니다.

제품이 아니라 라이프스타일

1951년생인 마스다 무네아키는 대학 졸업 후 10년간 패션 회사에 근무하고 1983년 컬처 컨비니언스 클럽(Culture Convenience Club, CCC)을 창업합니다. 이 회사의 업은 '기획을 파는 회사'입니다. 마스다는 자신의 기획력을 보여주기 위해 츠타야 모델을 세상에 내놓습니다.

츠타야의 최초 콘셉트는 음반, 비디오, 책을 같은 공간에서 팔거나 빌려주는 가게입니다. 이 아이디어가 1980년대 초반에 나왔습니다. 당시 일본에서 레코드는 음반가게, 비디오는 비디오 대여점, 책은 서점에서 사거나 빌리는 것이 상식이었습니다. 콘텐츠라는 속성은 비슷하지만 유통 경로가 달랐던 거죠. (우리나라에서도 '출판계', '영화판', '가요바닥'이라는 용어를 업계 사람들끼리 씁니다. 콘텐츠의 속성이 다름을 강조한 겁니다.)

그런데 마스다는 생산자가 아니라 소비자의 눈으로 시장을

츠타야 창업자 마스다 무네아키.

바라봤습니다. 고객의 라이프스타일이라는 관점에서 제품을 재정의한 것이죠. 사람들은 시간이 나면 책을 읽거나 음악을 듣거나 영화를 봅니다. 이 세 가지는 본질적으로 다른 행위가 아닙니다. 따라서 콘텐츠가 한 장소에서 유통된다면 더 효율적이라는 것이 마스다의 통찰이었습니다. 그리고 그 첫 모델이 츠타야입니다.

마스다의 이런 믿음은 회사의 이름에 그대로 녹아 있습니다. '컬처 컨비니언스 클럽'은 세 단어의 조합입니다. '컬처'는 편안함, 전통, 오프라인을 상징합니다. '컨비니언스'는 편리함, 새로움, 온라인을 의미합니다. 이 두 개념을 결합한 공간을 만들겠다는 의미가 '클럽'에 담겨 있습니다.

소비자의 라이프스타일을 꿰뚫어본 츠타야 모델은 대성공을 거듭니다. 지금도 일본 전역에 1500여 개의 츠타야 매장이 있습니다. 1990년대 말 유행했던 비디오 대여점을 기억하는지요? 그 정도 크기의 공간에서 책, 음반, 영화를 대여한다고 보면 됩니다.

마스다는 여기에 만족하지 않았습니다. 기존 츠타야 매장은 컨비니언스를 찾는 데 성공했습니다. 하지만 컬처가 부족했습니다. 마스다는 고객 개개인에게 의미가 담긴 공간을 만들기를 꿈꿨습니다. 그 공간에서 사람들이 책을 읽고 휴식을 취하며 여유를 찾고 행복해지길 바랐지요. 이런 취지로 탄생한 공간이 스타벅스와 결합한 츠타바('츠타야'와 스타벅스 일본어 발음 '스타밧쿠스'를 결합한 합성어) 모델입니다. 스타벅스도 '제3의 공간'이라는 취지로 탄생하지 않았습니까? 집도 회사도 아니면서 편안함을 느낄 수 있는 곳 말이죠.

츠타바 모델의 첫 실험 장소가 도쿄 롯폰기(六本木)입니다. 2003년 롯폰기는 롯폰기 힐스가 들어서면서 그 주변이 천지개벽을 이룹니다. 저도 그 무렵 롯폰기 주변을 걷다가 우연히 츠타야 롯폰기를 발견했습니다. 츠타야 롯폰기는 서점이라기보다는 아늑한 도서관에 가까웠습니다. 서가 바로 옆에는 스타벅스가 있지요. 커피 한잔을 마시며 소파나 편안한 의자에 앉아 책을 읽습니다. 읽다가 마음에 들면 구매하고, 아니면 그냥 놓고 나가도 됩니다. 새벽 4시까지 운영합니다.

지금이야 우리도 서점에서 자유롭게 책을 읽을 수 있고, 대형 서점에는 저마다 자그마한 카페가 딸려 있기도 합니다. 그러나 무려 16년 전에 이런 모델을 생각해냈다니 당시로서는 획기적이란 표현이 딱 맞습니다.

그런데 츠타바 모델은 어떻게 돈을 벌까요? 바로 커피 판매입니다. '서서' 책을 읽는 것은 무료입니다. 그러나 '앉아서' 책을 읽으려면 반드시 커피 한잔을 사야 합니다. 원가 등을 고려해본다면 책 한 권 팔 때의 마진과 커피 한잔 팔 때의 마진은 큰 차이가 안 날 것 같습니다. 책이 아니라 커피를 팔아 수익을 창출한다! 지금은 당연하지만 그 당시엔 획기적인 모델이었습니다.

취향의 결합체, 다이칸야마 티사이트

2011년 마스다 회장은 또다시 야심찬 기획 작품을 세상에 내놓습니다. 바로 다이칸야마 티사이트(Daikanyama T-Site)입니다. 다이칸야마는 우리로 치면 서울의 한남동, 청담동 같은 부자 동네의 대명사입니다. 티사이트의 '티'는 '츠타야(Tsutaya)'의 머리글자에서 따왔습니다. 이곳은 총 4000여 평의 토지에 서점을 중심으로 동물병원, 자전거 대여점, 식당 등 다양한 업태가 들어서 있습니다. 숲속 도서관을 모티프로 한 '차세대 츠타야'인 셈입니다.

세 개의 건물이 1층은 따로따로, 2층은 서로 연결되어 있습니다. 1층은 서점입니다. 책 분류방식이 기존 서점과 판이하게 다릅니다. 인문·문학, 아트, 건축, 자동차, 요리, 여행 등으로 말이

다이칸야마 티사이트는 숲속 도서관을 모티프로 한 '차세대 츠타야'로 주목받고 있다.
사진은 다이칸야마 티사이트 내의 츠타야 서점.

죠. 처음 방문하면 당황스럽습니다. 이럴 때는 컨시어지에게 물어보면 됩니다. 이곳의 컨시어지는 각 분야별로 경험이 풍부한 이들입니다. 예를 들어 여행 코너의 직원은 유럽 여행만 수십 번 경험한 베테랑입니다. 여행 상담을 하면 그 자리에서 책만 추천받는 게 아니라 비행기 표까지 구입할 수 있습니다. 2층에는 서점과 비슷한 형태로 운영되는 음악 코너, 영화 코너가 있습니다.

한두 달 간격으로 주제가 바뀌는 테마 전시도 흥미롭습니다. 예를 들어 '피렌체 여행'이라는 주제가 있다고 합시다. 그럼 피

책뿐만 아니라 여행, 영화, 음반 등 다양한 콘텐츠를 한곳에서 만날 수 있다.

렌체로 떠나고 싶은 사람의 관점에서 책을 큐레이팅합니다. 이
탈리아로 가는 방법부터 공항에서 피렌체로 가는 길, 미켈란젤
로 등 피렌체 유명 화가의 작품, 메디치 가문에 관한 이야기, 피
렌체 스타일의 스테이크를 맛있게 먹는 법, 피렌체를 배경으로
한 영화 〈냉정과 열정 사이〉 등 다양한 자료를 한곳에 모읍니다.
지금까지는 여행 코너, 음식 코너, 예술 코너 등을 직접 돌며 책
을 찾아야 했습니다. 그런데 테마 전시 코너에는 편집숍처럼 관
련 도서가 큐레이팅되어 있습니다. 이뿐 아니라 관련 비디오부

터 피렌체에서 유행하는 옷까지 전시합니다.

카페 안진

이곳을 방문하면 꼭 찾아야 할 공간이 있습니다. 바로 세 개의 건물 중 가운데 건물에 있는 카페 안진입니다.

2동 건물로 들어갑니다. 2층을 안내하는 표지가 보입니다. 표지를 따라 계단을 올라갑니다. 고개를 들면 가로 8.7미터, 세로 2.2미터 크기의 커다란 그림이 펼쳐집니다. 눈이 휘둥그레집니다. 금박이 칠해져 있고 고풍스런 분위기라 옛날 작품 같습니다. 가만히 그림을 들여다보면 이상한 모양의 생물이 지구를 점령하고 있는 모습입니다. 그로테스크한 분위기에 우주선과 원자폭탄도 보입니다. 이 작품은 고자키 마사타케(鴻崎正武)의 〈도원(桃源)〉입니다. 일본 전통 화풍에 현대적인 내용을 담아 신구 세대를 모두 아우르고 있습니다.

카페 안진 사방에는 잡지가 빽빽이 꽂혀 있습니다. 이 잡지가 이 공간의 핵심입니다. 마스다 회장은 츠타야로 1조 원 자산가가 되었는데, 30년간 츠타야의 주 고객층이 되어온 이들은 지금 50대입니다. 마스다는 그들과 추억을 공유하고 싶었다고 합니다. 그래서 그들이 젊은 시절 보던 잡지를 최대한 구해서 이곳에 채워 넣었습니다.

손에 잡히는 대로 한 권을 뽑아봅니다. 1960년대에 창간된 음악 잡지입니다. 1960년대의 '우드스톡 페스티벌'에 관한 기사가

1 카페 안진에 전시되어 있는 고자키 마사타케의 〈도원〉.

2 좁은 통로에 위치한 1인 좌석에서도 책과 음반을 즐길 수 있다.

3 프리미어 에이지(여유로운 50대) 층을 공략한 콘텐츠가 가득하다.

자세히 나옵니다. 지미 헨드릭스(Jimi Hendrix)의 죽음을 추도하며 그 음악과 사상을 반추하는 글도 있습니다. 음악 마니아라면 온종일 있어도 지겹지 않을 만큼 희귀한 잡지가 주변에 넘쳐납니다. 이런 잡지들로 가득한 서가 사이에 120개의 좌석이 놓여 있습니다. 앉은 자리에서 음료뿐 아니라 식사도 가능합니다. 원하면 고가의 샴페인도 한잔 주문할 수 있습니다.

자, 이쯤 되면 이 공간이 노린 소비자층이 누구인지 감이 올 겁니다. 프리미어 에이지(premier age), 즉 어느 정도 삶의 여유가 있는 50대를 겨냥해 만들어진 공간입니다. 그런데 의외로 젊은 층도 이곳을 많이 찾습니다. 남녀노소를 막론하고 카페 안진을 찾는 이들의 표정은 무척 여유롭습니다. 줄 서는 이들도 참고서나 어학서를 사려는 게 아니라, 커피 한잔하며 음악을 듣거나 책을 읽으려는 것이라 그렇게 보이는 모양입니다. 한번 들어가면 나오기 싫은 공간. 그래서 이곳은 차와 식사, 책과 잡지를 모두 팝니다. 고객은 자신의 취향과 추억을 위해 기꺼이 지갑을 엽니다.

카페 안진이 플랫폼 비즈니스의 정석으로 불리는 까닭이 바로 여기에 있습니다. 사업을 플랫폼이라 생각해봅시다. 그러면 다른 세상이 보입니다. 예를 들어 헤어 디자인 업체가 예전에는 미용 서비스를 제공하는 단순한 업태였다면, 플랫폼식 사업을 적용하면 '미적 가치 추구'라는 콘셉트를 중심으로 콘텐츠를 확장한 곳이 됩니다. 그곳에는 헤어 디자인은 물론, 미적 가치와 관련된 다양한 상품이 있어야 합니다. 상품은 향수일 수도 미술

품일 수도 있습니다.

공간이 허락된다면, 미적 가치에 관한 책을 읽으며 충분히 시간을 보낼 수 있는 카페가 필수적입니다(미술관 부설 카페를 참고하면 좋습니다). 고객이 단순히 헤어스타일을 바꾸기 위해 찾는 공간이 아니라 몇 시간이고 체류하면서 행복감을 느낄 수 있는 곳, 그래서 두근거리는 마음으로 또 찾아올 수 있는 곳으로 진화해야 합니다. 차세대 츠타야인 다이칸야마 티사이트가 바로 그런 공간을 실제로 구현한 곳입니다.

지하철 나카메구로역에서 동구(東口)로 나옵니다. 횡단보도를 건넙니다. 왼편에 츠타야 서점이 보입니다. 여긴 나카메구로 츠타야입니다. 그 방향으로 쭉 걸어갑니다. 작은 개천이 나오는데, 봄이면 벚꽃 아래 사진 찍기 좋은 곳으로 유명합니다. 더 직진합니다. 언덕길입니다. 힘들더라도 올라갑니다. 천천히 걸어 10분쯤 가면 직진과 좌회전이 있는 교차로가 나옵니다. 좌회전합니다. 계속 언덕입니다. 다시 5분쯤 걸어가면 길 건너에 티사이트가 나옵니다.

다이칸야마 티사이트

Daikanyama(代官山) T-Site
東京都渋谷区猿楽町16-15

20

네즈 카페

100만 불짜리 창가석

#체험경제   #창가석에서_바라보는_풍경   #네즈_가이치로

박물관이나 미술관에 얼마나 자주 가나요? 좋아하는 작가의 기획전시 개관일을 손꼽아 기다리는 이가 있을 겁니다. 기획전시가 아니더라도 상설전시에도 볼 것이 많기 때문에 틈틈이 박물관을 찾는 이도 있겠지요. 어딜 가든 도슨트의 설명을 빠짐없이 챙겨듣는 이도 있을 테고요. 어느 학예 전문가는 이렇게 말합니다. "일단 자신의 느낌으로 보세요, 그다음 도슨트의 설명을 듣고 마지막으로 다시 한 번 혼자 둘러보세요." 물론 이런 식으로 박물관이나 미술관을 보려면 반나절도 부족합니다. 그래서 일본을 방문할 때마다 여러 번 갔던 박물관이나 미술관을 꼭 다시 찾아갑니다. 지난해 혹은 지난달보다 무엇이 바뀌었고, 내 눈에 어떻게 보이는지 늘 새롭게 발견할 수 있습니다.

철도왕의 비밀 정원

도쿄는 여느 대도시처럼 미술관이 여럿 있는데, 특히 미술관 주변의 일본식 정원이 아름다워 찾을 만한 곳이 많습니다. 이런 곳이 일본 전역에 흩어져 있습니다. 어찌 된 일일까요?

메이지유신 이후 상업이 급속히 발달하면서 수많은 부자가 탄생했습니다. 돈을 벌었으니 크고 좋은 집을 원합니다. 반면 이전까지 세력을 떨치던 지방 호족은 몰락하면서 그들의 집이 매물로 쏟아져 나옵니다. 이런 대저택은 도쿄는 물론 지방마다 산재했습니다. 신흥 재벌과 그 후손이 이런 저택을 구매해 일본 특유의 정원을 가꾸고, 손수 사들인 예술 작품을 전시했습니다. 그러다 시대의 흐름에 따라 저택은 미술관으로 바뀌어, 아름다운 정원을 갖춘 박물관이 오늘날 일본 전역에 만들어진 것입니다.

그중 네즈 미술관(根津美術館)은 도쿄 시내 한복판에 있어 접근성이 탁월합니다. 이곳 정원에 있으면 마치 고요한 숲속에 온 듯하여 '도쿄에서 힐링하기 가장 좋은 정원'으로 손꼽힙니다.

네즈 미술관의 역사는 1941년으로 거슬러 올라갑니다. '일본 철도왕'이라 불리는 네즈 가이치로(根津嘉一郎)는 메이지유신 이후 탄생한 수많은 재벌 가운데서도 철도로 일가를 이룬 인물입니다. 지금 네즈 미술관 자리는 원래 지방의 다이묘(영주)가 살던 저택이었습니다. 정권이 바뀌고 집이 황폐해지자 네즈 가이치로가 이곳을 사들여 자신의 저택으로 꾸밉니다. 특히 정원 조성에 많은 공을 들였다고 합니다.

그러던 그가 사망하면서 난처한 일이 벌어집니다. 후손이 대저택을 물려받기에는 상속세가 큰 부담이 된 것이지요. 결국 이케다 하야토(池田勇人) 당시 도쿄 재무국장(훗날 일본 총리) 중재로 저택을 미술관으로 기증하는 대신 상속세를 줄여줬습니다. 그렇게 네즈 미술관이 탄생한 덕분에 오늘날 일반인도 네즈 정원을 즐길 수 있게 된 것입니다.

　네즈 정원이 처음부터 인기를 모은 것은 아닙니다. 세인의 관심을 끌기 시작한 것은 2009년 유명 건축가 구마 겐고가 3년 만에 네즈 미술관과 정원을 멋지게 재단장하면서부터입니다. 우리에게 잘 알려진 일본 건축가는 안도 다다오이지만 일본에서는 구마 겐고를 안도 다다오 못지않은 건축가로 꼽습니다. 지금도 일본 언론에서는 곧잘 두 사람을 비교합니다. 둘 다 일가를 이룬 건축가인데 그들이 걸어온 삶과 건축 스타일은 판이하게 다릅니다.

　안도는 독학으로 건축을 배우기 전까지 권투선수 지망생이었습니다. 자신의 꿈이 좌절되자 건축에 눈을 돌려, 트럭 운전을 하며 번 돈으로 헌책방에서 유명 건축가 르코르뷔지에의 책을 구해 건축 공부를 했습니다. 반면 구마는 엘리트 코스를 밟았습니다. 도쿄대학 건축과 출신으로 일본 건축의 아버지라 불리는 단게 겐조(丹下健三)와 그의 제자 마키 후미히코(槇文彦)의 계보를 이었습니다.

　둘은 스타일도 완전히 다릅니다. 노출 콘크리트로 대표되는 '이기는 건축'이 안도 스타일이라면, 나무를 주로 쓰는 '지는 건축'이 구마 스타일입니다. 하지만 구마는 늘 안도에게 배우고 있다고 말합니다. 하긴 열세 살 차이니 무리해서 라이벌이라 할 필요는 없을 것 같습니다.

'중간계'로 향하는 9시 40분

네즈 미술관은 오전 10시 문을 엽니다. 저는 미술관을 방문하려는 이들에게 '9시 40분까지는 가서 대기하라'고 말해줍니다. 왜냐고요? 혹시나 사람이 많을까 싶어 9시 반에 가보면 십중팔구 아무도 없을 겁니다. 그런데 10시가 다 되면 단체 관광객을 태운 버스가 속속 도착합니다. 조금만 늦게 가면 입구에서부터 시끌벅적한 소음에 시달리게 됩니다. 가장 좋은 관람 동선은 9시 40분에 줄을 서서 10시에 표를 끊은 다음, 미술관보다는 곧바로 정원에 딸린 네즈 카페(Nezu Café)로 향하는 것입니다.

카페에는 자리가 45석 있는데, 그중에서 통유리를 통해 정원을 내려다볼 수 있는 창가 자리 일곱 석이 명당입니다. 통유리를 통해 내려다보이는 정원 경치는 그야말로 백미입니다. 당초 이 카페 공간은 선룸(sun room)이었다고 합니다. 그래서인지 천장은 창호지로 마감한 느낌이라 햇볕이 잘 듭니다(실제로 창호지는 아니고 비슷한 재질이라 합니다). 한 번은 샴페인 뚜껑을 땄는데 글쎄, 천장에 구멍이 뚫린 적도 있다는군요.

창가 자리에 앉아 잠시 나만의 시간을 가져봅니다. 아침 일찍 서두른 보람이 느껴집니다. 아이스커피 한잔에 800엔 정도로 가격이 만만치 않지만, 네즈 카페의 전경은 그 정도 값어치를 합니다.

이곳은 사계절이 다 좋은데, 특히 4월 말에서 5월 초가 가장 유명합니다. 네즈 미술관이 직접 꼽은 아름다운 경치 '네즈 8경'

네즈 미술관을 간다면 오전 9시 40분에 줄을 서는 것이 좋다. 사진은 네즈 미술관 입구.

가운데 하나가 '홍인정에 피는 제비붓꽃'입니다. 이 꽃이 피는 시기가 바로 이 무렵입니다. 작은 호수에 보라색 꽃이 하나 가득입니다. 여기저기서 탄성과 함께 카메라 셔터 소리가 들립니다. 이젤을 펴고 그림을 그리는 사람도 있습니다.

이 무렵에는 오카다 고린(尾形光琳)이 그린 〈연자화도(燕子花圖)〉를 공개 전시합니다. 일본 미술사에는 린파(琳派)라는 계보가 나옵니다. 오카다 고린의 이름 마지막 글자를 딴 겁니다. 그만큼 그의 위치는 일본 미술계에서 독보적입니다. 그 대표작 〈연자화도〉가 4월 중순에서 5월 초순에 한시적으로 전시되기 때문에, 이 시기를 일본에서는 네즈 미술관을 방문하기에 가장 좋은 시즌으로 봅니다.

두 번째로 좋은 때는 11월 하순에서 12월 초순입니다. 이 무렵 도쿄는 단풍이 절정입니다. '네즈 8경' 가운데 '피금재의 단풍'을 만날 수 있습니다. 꽃단풍이 보는 이의 마음을 설레게 합니다. 심지어 추운 겨울도 나쁘지 않습니다. 그만큼 네즈 정원의 힘은 막강합니다.

정원 규모는 5000평 정도로 크지도 작지도 않습니다. 정원 중심부로 들어가면 다실도 있고 연못도 있습니다. 오감을 모두 끌어올려 정원을 즐겨봅니다. 크게 심호흡을 합니다. 울창한 숲 덕분에 맑은 공기를 마실 수 있습니다. 귀를 쫑긋 세워봅니다. 새소리, 시냇물 소리, 바람 소리 등 자연의 소리에 취합니다. 손으로 이것저것 만져봅니다. 돌, 나무, 풀 어느 하나 예사로운 것이 없습니다. 아무 생각 없이 몇 시간 거닐어도 좋습니다. 복잡한 도쿄의 한복판에서 '아무것도 하지 않을 자유'를 만끽하면서 말이죠.

전 세계 어느 미술관에서든 통하는 공식이 하나 있습니다. 바로 '중간계'의 존재입니다. 우리가 살아가는 세상은 고민과 번뇌가 가득한 인간계입니다. 미술관을 찾는 한 가지 이유는 잠시라도 세상사의 걱정을 떨쳐버리고 다른 것에 집중하기 위함입니

미술관에 들어서면 일본 전통 정원처럼 외부 공간과 분리해주는 ▼
'중간계' 대나무 숲길을 만날 수 있다.
네즈 카페 입구에서 바라본 창가석 전경. ▶

다. 미술관은 인간계가 아닌 다른 세계입니다. 그런데 갑작스럽게 인간계에서 다른 세계로 점프하면 당황하지 않겠습니까? 입구에서 표 사는 곳까지 40미터 정도 어여쁜 길이 있습니다. 한쪽에는 살아 있는 대나무가 가지런히 심어져 외부를 차단하는 역할을 하고, 다른 한쪽에는 죽은 대나무가 장식되어 있습니다. 이 입구 공간은 사진 찍기에 좋은 곳으로 유명합니다. 천천히 걸어도 1분이면 걷습니다. 이런 공간을 통해 속세의 때를 벗고 미술관에 입장하는 것이 예의라고 합니다. 휴관하는 날짜가 의외로 많습니다. 전시가 끝나면 보통 2주 정도는 쉽니다. 웹사이트에서 휴관일을 확인하고 가야 낭패를 면합니다.

체험경제

네즈 미술관을 처음 알게 된 것은 2017년 11월 말입니다. 당시 도쿄 투어를 기획하던 중에 미술 전문가로부터 추천받았습니다. 검색해보니 이미 '선수'들은 꽤 다녀갔더군요. 그 뒤로 2018년 한 해에만 열 번 방문했습니다. 명불허전이었습니다. 저 또한 자랑스럽게, 다만 조심조심 입소문을 냅니다. 여기서 '자랑스럽게'라는 점은 중요합니다. 사람들은 자신이 부끄러워할 만한 것은 결코 소문내지 않습니다. 자랑할 만한 것만 소문냅니다. 당연한 얘기지만 매우 중요한 이론입니다.

'입소문'에 관해서라면 《티핑 포인트(*Tipping Point*)》, 《스틱!(*Made to Stick*)》, 《컨테이저스: 전략적 입소문(*Contagious: Why*

Things Catch On)》을 공부하는 것이 좋습니다.

'티핑 포인트'는 원래 사회학 용어였습니다. 1970년대 아프리카계 미국인들이 미국 북동부 지역으로 서서히 이주하기 시작했습니다. 그러다가 이들의 수가 마을 전체 인구의 20퍼센트를 넘어서자 백인들이 급작스럽게 교외로 탈주하는 현상이 나타나더라는 겁니다. 한두 지역만 그런 것이 아니라 모든 지역에서 그런 현상이 발생했다는 거죠.

이런 현상이 기업경영에 어떤 의미가 있을까요? 어떤 상품은 대박 상품이 되는데 왜 어떤 상품은 쪽박 상품이 되는가, 나아가 대박 상품을 만들려면 어떤 조건이 필요한가를 설명하기에 좋습니다. 티핑 포인트를 넘어서면 대박 상품, 티핑 포인트를 못넘기면 쪽박 상품이 됩니다. 그렇다면 티핑 포인트를 넘기기 위해 무엇을 해야 할지는 기업경영자라면 당연히 관심을 가질 주제겠지요.《티핑 포인트》의 저자는 대박 상품의 탄생을 바이러스 전염에 빗대어 설명합니다. 바이러스가 전염되기 위해서는 '감염을 일으키는 몇몇 사람', '감염인자 자체', 그리고 '감염인자가 활동할 수 있는 환경'이 필요합니다. 대박 상품도 바로 이 규칙을 따른다는 것이죠.

《스틱!》에서는 머릿속에 쫙쫙 달라붙는 메시지를 만드는 방법을 'S.U.C.C.E.S.S' 즉 성공이라는 단어로 설명합니다. 간결성(simple), 외의성(unexpected), 구체성(concrete), 신뢰성(credit), 감성(emotion), 스토리(story)에 복수를 뜻하는 소문자 s를 덧붙여

외우기 쉽도록 한 거지요.

《컨테이저스: 전략적 입소문》은, 어린 시절 《티핑 포인트》를 읽고 감동했다가 《스틱!》의 저자에게 사사받아 지금은 와튼 스쿨 교수를 지내는 조나 버거(Jonah Berger)가 쓴 책입니다. 핵심은 '사람들이 자신의 이미지를 좋게 만들어주는 것만을 공유한다'는 겁니다. SNS에서든 친구와의 수다 자리에서든 말이죠. 이를 저자는 '사회적 화폐(social currency)'라고 표현하며, '자랑하면 주위 사람들이 부러워하고, 그러면서 만족감을 얻는다'고 말합니다. 사람들은 '자랑의 대상'이 된 것(장소, 제품, 경험)에 더 큰 호감을 갖습니다. 따라서 입소문 전략을 활용하려면 공간이든 제품이든 '사진으로 찍어 올릴 거리'를 준비해놔야 합니다.

반대로 부끄러운 것은 입에 올리지 않습니다. 저도 네즈 카페에서 창피한 기억이 있습니다. 처음 카페에 방문해 "뮤지엄을 보러 온 게 아니라 정원을 보러 왔으니 입장료를 내지 않아도 되지 않습니까?" 하고 물었을 때 뮤지엄 직원의 당황하던 모습이 떠오릅니다. 항상 무엇인가 전시하리라 생각하고는 2박 3일 여행을 잡았는데 하필 그 주 전체가 휴관일이었던 적도 있습니다. 또 네즈 티(Nezu tea)가 당연히 일본식 녹차려니 하고 주문했다가 홍차가 나와 당황하기도 했습니다. 네즈 카페 천장을 '창호지'라며 잘못 소개한 적도 있고요. 이런 일은 SNS에 올리지 않습니다.

여러분은 제품, 매장, 서비스, 체험 가운데 어느 것을 사회적 화폐로 활용하나요? 아직 그런 것이 없다면 네즈 카페의 창가 자리에 앉아 여유로운 자기 모습을 사진 찍어 인스타그램이나 페이스북에 올린 사례를 검색하고, 이를 벤치마킹해보기 바랍니다.

지하철 긴자선 오모테산도역 A5 출구로 나옵니다. 지상에 도달하기까지 계단이 꽤 많습니다. 밖으로 나와 오른쪽으로 가면 네즈 뮤지엄이 나온다는 표식이 있습니다. 그길로 쭉 가면 됩니다. 이 길 또한 명소입니다. 꼼데가르송, 프라다 등 유행을 선도하는 브랜드를 만날 수 있습니다. 특히 2003년 문을 연 프라다는 건물 자체를 구경하러 오는 관광객도 제법 있습니다. 헤어초크 앤 드 뫼롱(Herzog & de Meuron)이라는 2인조 건축팀이 설계한 건물인데, 이들은 건축계의 노벨상이라는 프리츠커상을 수상한 것으로도 유명합니다.

조금 더 걸어가면 안도 다다오가 초창기에 설계한 건물도 등장합니다. 다음에는 네거리가 나오고, 그 건너편에 네즈 미술관이 있습니다. 심호흡을 한 번 하고 천천히 걸어가세요. 인간계를 떠나는 여행이 막 시작되었으니까요.

네즈 미술관
根津美術館
東京都港区南青山6丁目5-1

21

에노테카

나의 VRIO는 무엇인가

#핵심_역량 #잔술_와인 #히로세_야스히사

프랑스 5대 와인이라고 하면 전통적으로 라피트(Lafite), 마고 (Margaux), 라투르(Latour), 오블리옹(Haut Brion), 무통(Mouton)을 꼽습니다. 그런데 1855년 제1회 프랑스 만국박람회에서 나폴레옹 3세가 무통을 제외한 나머지 4종만을 고급 와인으로 선정합니다. 왜 그랬을까요? 여기에 숨은 사연이 있습니다.

17세기 유럽 최고의 부자 가문은 로스차일드(Rothschild) 가문이었습니다. 로스차일드 가문에는 다섯 형제가 있었는데 그중 한 명인 너새니얼이 1853년 무통을 생산하는 샤토 무통(Chateau Mouton)을 사들입니다. 2년 후 만국박람회에서 샤토 무통은 2등급을 받습니다. 맛과 품질, 명성에는 손색이 없었지만 프랑스인이 소유하고 있지 않은 와인 라벨에 최고 등급을 주고 싶지는 않았던 거죠. 이때 너새니얼은 자신의 심정을 이렇게 표현합니다. "1등은 될 수 없었다. 2등은 선택한 것이 아니었다. 무통은 무통일 뿐이다(Premier ne puis, second ne daigne, Mouton suis)."

시간이 흐릅니다. 4대째인 증손자 필립 남작이 와인 사업에 관심을 갖고 혁신을 시도합니다. 남작은 와인 유통업자에게 오크통째 와인을 넘기던 관행을 깹니다. 대신 직접 와인을 병입해 유통업자에게 넘기는 방식을 도입합니다. 최고 등급을 생산하는 샤토(프랑스어로 성城을 의미하는 말로 와인 제조·저장 시설을 갖춘 와이너리 이름에 붙는 명칭)들은 이러한 혁신에 동참합니다. 곧 라벨은 자기네 샤토에서 생산된 와인만을 넣었다는 증명서가 됩니다. 무통은 1945년부터 한발 더 나아가 라벨에 유명 화가의 그림을 넣어 차별화를 꾀합니다.

이런 노력 끝에 1973년 당시 농림부 장관이었던 자크 시라크(Jacques Chirac)가 무통 와인을 1등급으로 승격시킵니다. 프랑스에서 4대 와인 탄생이 지정된 후 1등급으로 올라간 와인은 무통이 유일무이합니다. 그리고 같은 해 수확한 포도로 만든 1973년 와인 라벨에 다음과 같은 문구를 씁니다. "1등이 되었다. 예전에는 2등이었다. 무통은 변한 게 없다(Premier je suis, Second je fus, Mouton ne change)."

와인 거래의 현장

무통에 강점을 가진 와인 판매점이 일본에 있습니다. 에노테카(Enoteca)입니다. 에노테카를 만든 사람은 히로세 야스히사(廣瀬恭久)입니다. 그의 아버지는 중소 규모 반도체 회사를 운영하고 있었습니다. 일본에서 가업을 물려받는 것은 당연한 수순입니다. 철강 회사에서 잠시 일을 배우던 그도 가업을 이을 준비에 들어갑니다. 그런데 아버지와 경영 스타일에서 번번이 충돌하고 반도체 비즈니스 자체에도 매력을 느끼지 못했습니다. 가업을 물려받은 그는 고민 끝에 사업을 다른 회사에 팔아버립니다. 그리고 자기가 평소 꿈꾸던 사업에 뛰어듭니다. 그것이 바로 와인 유통점 에노테카의 탄생으로 이어집니다. 그의 나이 마흔 살인 1988년의 일입니다.

30년이 지난 지금 2018년을 기준으로 에노테카는 일본뿐 아니라 아시아 전역에 73개 지점을 운영하고 있습니다. 소매점 외에도 일본 전역에 열 군데가 넘는 도매 영업소가 있습니다.

1995년에는 일본 최초로 보르도 와인 선물거래에 참가합니다. 잘 알려지지 않은 이야기지만 와인도 주식처럼 선물거래를 합니다. 매년 4월 초, 보르도에서는 아직 병입되지 않은 오크통에서 숙성 중인 와인을 시음하는 행사인 배럴 테이스팅(barrel tasting)이 열립니다. 행사 참가자들은 이때 와인 맛을 보고 앞으로 어떤 맛의 와인이 만들어질지 예측합니다. 예측을 통해 생산자와 가격 협상에 들어갑니다. 와인 생산자는 미리 판매대금을 받을 수 있기 때문에 저가에 낙찰합니다. 좋은 와인이 되든 나쁜 와인이 되든 리스크는 오롯이 구매자의 몫입니다. 리스크를 구매자가 지는 만큼 가격 또한 낮아집니다.

여기에 와서 이익을 보려면 와인의 향과 맛을 꿰뚫고 있어야 합니다. 이런 사람들만 와서 큰 거래가 이뤄지니 당연히 인맥이 형성되겠지요. 히로세 야스히사는 와인 사업을 시작한 뒤로 이 행사에 빠지지 않고 참여해 고급 와인 수입에 관한 한 일본 최고의 전문가로 자리 잡았습니다.

잔술 와인과 지각 품질

긴자식스 지하 2층에 가면 에노테카의 플래그십 스토어를 만날 수 있습니다. 매장 면적 453제곱미터로 와인 단일 매장으로는 전 세계에서 가장 큽니다. 그만큼 판매하는 와인 종류도 많아 1600종 이상을 보유하고 있습니다.

이곳에서는 한잔에 500엔 하는 잔술 와인을 팝니다. 긴자식스처럼 광활한 쇼핑몰을 정신없이 돌아다니다 보면 아무래도 지치기 마련입니다. 이때 지하 2층 에노테카에서 저렴한 가격에 괜찮은 와인 한잔을 마시며 쉴 수 있다면 행복하겠죠. 잔술 와인이라 해도 서서 눈치 보며 마시는 분위기가 아닙니다. 카운터석이 마련되어 있습니다. 한쪽 편에는 서로 마주 보며 앉을 수 있는 테이블과 소파도 있습니다. 치즈 세트 등 가벼운 안주도 즐길 수 있습니다. 혼자 와도 좋고 여럿이 와도 좋습니다. 잠깐 쉬었다 가기에 안성맞춤입니다.

에노테카 긴자 매장의 한쪽 벽면에는 필립 남작의 가족 사진과 그가 포도밭에 헌신했던 이야기, 피카소가 그린 1973년 라벨을 비롯해 앤디 워홀, 이우환, 키스 헤링의 작품이 담긴 와인 라벨이 전시되어 있습니다. 조그마한 뮤지엄입니다. 사진을 보고 라벨을 보며 과거 여행을 떠납니다. 예술에 취한 건지 와인에 빠진 건지 잠시 무아지경입니다.

잔술 와인을 팔다 보니 재밌는 일도 벌어집니다. 500엔이란 글귀에 아무 생각 없이 바 카운터로 갑니다. 그랬더니 5대 와인

이 놓여 있습니다. 6500엔, 5000엔⋯⋯ 무통의 미국판인 오퍼스 원(Opus One)은 3500엔입니다. 잔으로 팔아서 그렇지 병으로 팔면 수십만 원 이상입니다. 식당에서는 그 금액의 두 배 이상을 받지요. 5대 와인이라는 말에 혹합니다. 혼자 마시기에는 너무 비싸니 세 명 정도가 나눠 마십니다. 많이 마셔본 사람은 차이를 느끼는 모양입니다. 얼굴 표정이 몹시 밝아집니다. 행복하다고 얼굴에 쓰여 있습니다. 저도 조금 마셔봅니다. 차이를 잘 모르겠 습니다. 그래도 모른다고 할 수는 없습니다. 있는 표정, 없는 표 정 다 쥐어짜면서 좋다고 말합니다. 문득 상대방도 5대 와인이 라는 말에 마냥 좋아하는 게 아닌가 싶기도 합니다.

데이비드 아커 교수의 브랜드 자산(brand equity) 이론을 보면 지각 품질(perceived quality)이라는 용어가 나옵니다. 제품의 질

1~2 에노테카 긴자식스점에서는 저렴한 가격에 와인을 시음할 수 있다. 사진은 매장 입구의 와인 시음 안내판과 와인 바 전경.

3 무통은 1973년 프랑스 와인 1등급으로 승격하며 와인의 역사를 새롭게 쓴다. 사진은 에노테카에 전시되어 있는 무통 와인병과 그라벨.

은 제품에 있는 것이 아니라, 그 제품을 바라보는 소비자의 머릿속에 있다는 겁니다. 프랑스 와인과 칠레 와인을 비교 시음합니다. 칠레 와인이 좋다고 생각한 사람은 자괴감을 느낍니다. 왜 내 미각은 프랑스 와인을 선택하지 못했을까 하며 자책합니다. 상식적으로는 본인의 입맛에 맞는 와인을 마시는 게 맞습니다. 사람들은 프랑스 와인이라면 무조건 좋다고 생각합니다. 그래서 프랑스 와인은 비싸고, 비싸도 팔립니다. 칠레 와인 입장에서 억울할 수도 있습니다. 하지만 속상해하고만 있어서는 안 됩니다. 그들도 소비자로부터 '거의 프랑스산 급이다'라는 말을 듣도록 노력해야 합니다.

지각 품질은 처음 얻기가 어렵지, 일단 얻으면 오래갑니다. 독일 차는 품질이 좋다는 인식, 중국산은 가성비가 높다는 인식이 좋은 예입니다.

글로벌 업계 인맥, 히로세 회장의 '브리오'

흥미로운 매장입니다. 작은 뮤지엄도 있고, 잔술도 마실 수 있고, 무엇보다 잠시 쉴 수도 있습니다. 그런데 에노테카의 사례에서 배울 점은 외관만이 아닙니다. 바로 에노테카를 만든 히로세 회장의 핵심역량입니다.

2015년 2월 아사히 맥주(Asahi Breweries)는 에노테카의 지분을 인수합니다. 그리고 에노테카를 자회사로 만들면서 일본 와인 시장 3위의 기업으로 올라섭니다. 판매량이야 아사히 맥주가 훨씬 많지요. 하지만 고급 제품 취급이 더해지지 않으면 가격 외에는 쓸 카드가 없는 회사가 됩니다. 에노테카가 자회사라 하더라도 아사히 맥주 입장에서는 히로세 회장을 소중히 모셔야 합니다. 그만한 인맥을 가진 사람이 없기 때문입니다. 히로세는 지금도 회장직을 유지하고 있습니다.

핵심역량을 설명하는 용어로 '브리오(VRIO)'가 있습니다. 가치가 있어야 하고(valuable), 드물어야 하며(rare), 남들이 모방하기 어려워야 하고(inimitable), 조직에 체화되어 있는(organized) 것을 의미합니다. 배우처럼 잘생긴 외모를 지닌 청년이 있다고 합시다. 공장에서 일한다면 생산성을 떨어뜨립니다. 다들 이 청년의 얼굴만 보고 있을 테니까요. 강남 카페에 있다면 이야기가 달라집니다. 이것이 한때 강남구와 서초구를 석권한 레스토랑 '미즈 컨테이너'의 비즈니스 모델이었습니다. 잘생긴 종업원들이 손님에게 하이파이브를 하는 보기 드문 곳이니 손님이 몰리겠지요? 주변의 다른 레스토랑으로서는 속상하겠지만, 그렇다고 해서 모방하기 쉽지 않습니다. 그런데 조직에 체화되어 있는가는 다른 문제입니다. 이 레스토랑의 청년들이 한꺼번에 카페를 그만두면 주인은 무척 곤란하겠지요. 그렇다고 본인이 잘생긴 청년이라 우길 수도 없고요. 종업원이 떠나더라도 한 번에 떠나지는 않도록 사전 조치를 강구해야 할 것입니다.

히로세 회장의 '브리오'는 '세계 고급 와인업계에서의 인맥'입니다. 가치 있고, 희귀하며, 모방하기 어렵고, 히로세 회장이 직접 갖고 있습니다. 그는 1988년부터 30년 이상 와인 유통 시장에서 인맥을 쌓아왔습니다. 그것도 고급 와인 시장에서 말이죠. 프랑스의 고급 와인 거래선 또한 인맥을 중시해서, 아무리 아사히 맥주가 자본력 풍부한 일본 대기업이라 해도 그 돈에 움직이지 않습니다. 그만큼 자존심이 강하고 비즈니스 매너 또한 훌륭한 것입니다. 아사히 맥주 입장에서는 프랑스 고급 와인 시장을 뚫기 위해 히로세 회장의 경험과 인맥이 절대적으로 필요합니다. 히로세 회장이 아사히 맥주에 회사를 넘겨주었지만 여전히 영향력을 끼칠 수 있는 이유입니다.

여러분의 '브리오'는 무엇인가요? 이를 기반으로 비즈니스를 운영하는지요? 그렇지 않다면 순식간에 위험에 처할 수 있습니다. 에노테카에서 와인 한잔하며 브리오가 무엇이고, 어떻게 해야 강화할 수 있을지 생각해보았으면 합니다.

쇼분수, 텐 팩토리와 함께 긴자식스 지하 2층에서 만날 수 있습니다.

에노테카 긴자식스점
Enoteca Ginza Six
東京都中央区銀座6丁目10-1 GINZA SIX 地下2階

답은 현장에 있다

축하드립니다. 도쿄에서 '설렘'을 자극하는 21곳의 여행을 마치셨습니다. 저와 함께한 여행에서 직접 가보고 싶은 공간을 발견한다면 필자의 입장에선 더할 나위 없이 기쁘겠습니다.

현장에 답이 있습니다. 아무리 열심히 설명을 듣더라도 현장의 느낌을 당할 수는 없습니다. 똑같은 영화를 봐도 집에서 텔레비전으로 보는 것과 박진감 넘치는 오디오와 대형 스크린을 갖춘 극장과는 체감의 차원이 다릅니다. 같은 영화를 봐도 느낌이 다른데, 실제 경험하는 것과 글로 읽는 것은 하늘과 땅 차이겠지요.

자주 그리고 많이 보아야 합니다. 보는 만큼 알게 되고, 아는 만큼 설렙니다. 삼성 그룹을 일군 이병철 회장님은 이렇게 말했습니다.

"삼류 여관을 짓더라도 반드시 일류호텔을 보고 와서 지어야 한다. 삼류여관을 짓는다고 주변의 삼류여관만을 보고 온다면 평생 삼류 수준을 면할 수 없다. 일류호텔을 보고 오면, 지금은 비록 삼류여관을 짓지만 언젠가는 일류호텔을 지으리라는 꿈을 갖게 되고, 이 꿈이 성장의 원천이 된다." 꿈은 클수록, 뜻은 높을수록 좋습니다.

언젠가 여기서 소개한 공간을 방문할 예정이라면, 이 책을 사전 출장보고서로 활용하길 바랍니다. 저의 직장 상사 중에는 해외 출장이 잡히면 무조건 "출장도 가기 전에 출장보고서를 미리 써놓고 가"길 원하는 이가 있었습니다. 인터넷조차 없던 때입니다. 자료 구하기가 만만치 않았던 시절이죠. 그래도 신문을 뒤지고 다른 보고서를 살피다 보면 방문할 곳이 어떤 곳이고 무엇을 얻을 수 있는지 알 수 있으니 일단 보고서부터 써놓고 가라는 겁니다. 처음에는 무슨 말도 안 되는 소리인가 싶었지만, 당시는 상사의 말이 곧 명령이던 시절입니다.

그런데, 일단 써놓고 나니 현장에서 일하기가 훨씬 수월했습니다. 미리 조사했던 것과 실제 느낌과의 차이를 비교해 보고, 왜 그런 간극이 있는지 고민해보니 의외로 의미 있는 결과를 도출할 수 있었습니다. 이 책이 그런 사전 출장보고서 역할을 하길 희망합니다. 여러 번 읽어보고 납득이 가면 가는 대로, 고개가 갸우뚱하면 갸우뚱하는 대로 갈무리하고 현장을 방문해 봅니다. 안 보이던 것이 보이고, 제가 놓친 것을 찾을 수도 있습니다.

이 책에서는 접근성이 좋은 식당, 카페, 먹거리 매장을 집중적으로 소개했습니다. 각 업태는 비슷할지 모르지만 이곳을 찾는 고객층은 다양합니다. 직장생활로 바쁜 미혼여성을 핵심 고객으로 설정한 프레세 시부야 델리마켓, 집안 살림에 열심인 가정주부의 생선값 부담을 덜어주는 사카나바카, 50대를 대상으로 했지만 실제로는 20, 30대 층이 바글거리는 츠타야 안진, 남녀노소 모두를 껴안은 쇼분수, 지갑이 얇은 층과 두터운 층을 각각 커버하는 센비키야 등 다양한 고객층에 대해 선별 대응하는 모습을 바라보면서, 내가 속해 있는 조직에서는 무엇을 해야 할지 고민해보길 바랍니다.

답은 현장에 있습니다.